国家自然科学基金资助项目（编号71901091）成果

工期不确定环境下
项目净现值的
鲁棒性支付计划研究

梁洋洋　著

WUHAN UNIVERSITY PRESS
武汉大学出版社

图书在版编目(CIP)数据

工期不确定环境下项目净现值的鲁棒性支付计划研究/梁洋洋
著.—武汉：武汉大学出版社,2023.7
ISBN 978-7-307-23718-6

Ⅰ.工⋯ Ⅱ.梁⋯ Ⅲ.项目管理—现金流量分析—研究
Ⅳ.F820.4

中国国家版本馆 CIP 数据核字(2023)第 067635 号

责任编辑:林 莉 责任校对:汪欣怡 版式设计:马 佳

出版发行：**武汉大学出版社** （430072 武昌 珞珈山）
（电子邮箱：cbs22@ whu.edu.cn 网址：www.wdp.com.cn）
印刷:武汉邮科印务有限公司
开本:720×1000 1/16 印张:10 字数:160 千字 插页:1
版次:2023 年 7 月第 1 版 2023 年 7 月第 1 次印刷
ISBN 978-7-307-23718-6 定价:48.00 元

前　　言

传统的资源受限项目调度问题主要是以工期最短或费用最小作为优化目标函数，对净现值最大化的财务类目标函数关注较少。伴随较高的利率和昂贵的融资成本，通过合理的项目调度实现承包商或业主净现值最大化具有重要的现实意义。然而随着市场环境的快速变化，项目面临的不确定性因素日益增多，在确定性环境下构建的调度计划无法应对项目复杂多变的执行环境。鲁棒性项目调度作为国内外项目管理领域研究的热点，它是解决不确定性环境下项目调度问题的有效方法，但该研究很少涉及财务类目标函数。因此本书将鲁棒性项目调度引入项目净现值问题的研究中，综合应用鲁棒性项目调度相关理论、风险管理相关理论以及动态规划相关理论，采用鲁棒性资源分配、时间缓冲管理、Monte Carlo 模拟仿真、基于优先准则的启发式算法以及智能算法等方法，针对活动工期不确定的项目净现值问题展开了深入的研究，主要研究工作如下：

第一，在确定性环境下构建了一个满足工序约束、资源约束、截止工期约束以及收益率约束的 Max-NPV 模型。针对该模型设计了模拟退火算法进行求解。为验证理想状态下构建的调度计划的实际执行情况，书中设计了 Monte Carlo 模拟仿真实验。仿真结果表明：在项目执行过程中由于工期的不确定性，与理想调度计划相比，项目净现值受损，并且工期不确定性程度越大，项目净现值下降幅度越明显。以上结论为后文在不确定性环境下展开项目净现值问题研究提供了数据依据和理论支撑。

第二，针对活动拖期风险在项目网络和资源流网络上传递带来的"滚雪球"效应，本书从鲁棒性资源分配的角度，构建了项目净现值期望惩罚成本最小化的资源流网络优化模型。针对该模型设计了 MEPC 资源分配算法，通过采用净现值期望惩罚成本最小的资源分配方案实现资源在各活动节点间的有效流动，生成合理、稳定的资源流网络，提升调度计划的鲁棒性。并通过算例分析和大规模仿真对比实验验证了 MEPC 算法的有效性和实用性。

第三，本书运用风险管理理论降低活动工期的不确定性给项目净现值带来的风险损失。首先采用动态规划理论识别出活动的拖期风险概率，然后量化计算活动拖期带来的项目净现值风险损失。在风险应对阶段，本书采用时间缓冲管理策略设计了 EPC 时间缓冲算法，在净现值风险损失较大的活动前插入时间缓冲，保证活动现金流的支付尽可能按原计划执行。最后通过仿真实验证明了 EPC 算法构建的鲁棒性调度计划相对于无时间缓冲保护的非鲁棒性调度计划的优越性和稳定性，尤其当活动工期不确定性程度较高时，缓冲保护效果更明显。

第四，本书从净现值的角度提出了调度计划"质"鲁棒性和"解"鲁棒性的衡量指标，在此基础上构建了考虑双鲁棒性的项目净现值优化模型来权衡调度计划的"质"鲁棒性和"解"鲁棒性。基于模拟退火算法和禁忌搜索算法的优缺点，设计了两阶段智能优化算法解决上述模型。实验结果表明本书提出的两阶段智能优化算法的绩效优于其他三种单阶段算法，并且相对于单鲁棒性调度计划，双鲁棒性调度计划在能获得满意净现值的同时又能保证现金流支付计划的稳健。

第五，将鲁棒性资源分配和时间缓冲管理两种策略进行集成优化，首先通过设计三阶段集成优化算法来构建鲁棒性更强的调度计划。然后构建了集成优化机制，从鲁棒性和非鲁棒性两个角度，针对初始调度计划、资源分配算法、时间缓冲算法以及反应式调度中优先准则这四种因素对应的不同选择组合了 32 种集成优化算法。最后通过大规模仿真对比实验探讨了以上四种因素对调度计划鲁棒性产生的影响，并验证了本书提出的三阶段集成优化算法在鲁棒性绩效指标方面的优越性。

相对于以往的研究，本书的创新之处主要表现在以下三个方面：

第一，提出了考虑净现值的"质"鲁棒性和"解"鲁棒性衡量指标。

针对调度计划的鲁棒性，学者们从解的取值和目标函数的取值两个角度提出了很多衡量指标，总体可以归纳为"质"鲁棒性和"解"鲁棒性两方面。但是以上衡量指标都是针对项目工期，例如完工时间、按时按工率时差等，并未考虑项目净现值。本书依据"质"鲁棒性和"解"鲁棒性的相关定义，首先采用项目净现值目标函数来衡量调度计划的"质"鲁棒性。然后综合考虑到活动工期的不确定性、活动拖期风险在项目网络和资源流网络上的传递性以及活动现金流权重，本书采用动态规划理论设计了项目净现值期望惩罚成本指标来衡量实际调度计划与基准调度计划的偏离程度，即"解"鲁棒性。净现值期望惩罚成本指标具有"瞻前顾后"的作用，它既考虑到了紧前活动的干扰，又考虑到了活动拖期给后续活动的现金流支付造成的净现值风险损失。

第二，构建了基于鲁棒性资源分配和时间缓冲管理的项目净现值优化模型并设计了相应的求解算法。

鲁棒性项目调度是解决不确定性环境下项目调度问题的有效方法，它包括鲁棒性资源分配和时间缓冲管理两种策略，但鲁棒性项目调度的研究大多集中在时间类目标函数上，很少涉及财务类目标函数。针对不确定性环境下项目净现值问题的研究非常少，还处于初级的理论阶段。因此本书针对活动工期的不确定性，采用鲁棒性项目调度中的鲁棒性资源分配和时间缓冲管理两种策略来保证活动现金流尽可能按计划支付，提升调度计划的鲁棒性。

首先针对鲁棒性资源分配策略，本书构建了项目净现值期望惩罚成本最小化的资源流网络优化模型，并设计了 MEPC 优化算法进行求解。通过采用净现值期望惩罚成本最小的资源分配方案实现资源在各活动节点间的有效流动，生成合理、稳定的资源流网络，提升调度计划应对风险的能力。针对时间缓冲管理策略，本书通过风险管理方法中的风险识别和风险评估找出活动拖期风险造成净现值风险损失较大的活动，通过设计 EPC 分散缓冲算法在该活动前插入时间缓冲，来应对工期的不确定性对现金流支付计划产生的干扰。

鲁棒性资源分配和时间缓冲管理这两种策略并不是孤立存在的，通过资源分配构建的资源流网络是进行缓冲插入的前提，并且不同的资源流网络不仅直接影响到缓冲大小的设置和缓冲位置的插入，还会影响到缓冲保护的效果。但是在时间缓冲管理的现有文献中，资源流网络都是随机生成的，并未考虑资源的鲁棒性分配，而针对鲁棒性资源分配的研究又多集中在资源流网络优化模型的构建和算法的改进上。因此本书针对以上研究的不足，从项目净现值的角度，将鲁棒性资源分配和时间缓冲管理这两种策略进行集成优化，设计了三阶段集成优化算法。该算法通过鲁棒性资源分配为缓冲插入提供合理稳定的资源流网络，进一步增强调度计划抗干扰的能力。

第三，构建了考虑双鲁棒性的项目净现值优化模型。

以往鲁棒性项目调度研究中追求调度计划同时具有较好的"解"鲁棒性和"质"鲁棒性的研究但都是针对调度计划的完工性展开的。针对项目净现值问题，在项目的实际执行过程中，管理者不仅希望净现值越大越好，即具有较好的"质"鲁棒性，同时又希望获得稳健的现金流支付计划，即具有较好的"解"鲁棒性。因此本书通过改变缓冲插入的位置和缓冲大小的设置来权衡调度计划的"解"鲁棒性和"质"鲁棒性，并构建了考虑双鲁棒性的项目净现值优化模型。在该模型求解过程中，依据模拟退火算法和禁忌搜索算法的优缺点，设计了两阶段智能优化算法，将模拟退火算法获得的近似最优解作为禁忌搜索算法的初始解，提升禁忌搜索算法的搜索效率和最优解的质量。

在本书即将出版之际，非常感谢华中科技大学管理学院崔南方教授提供的宝贵的学术指导和研究条件。本书的撰写得到了国家自然科学基金委(71901091)的资助，对此表示由衷的感谢！

由于作者水平有限，书中难免有疏漏之处，恳请专家学者批评指正。

梁洋洋

2023 年 3 月

目　　录

1 绪　　论

1.1　研究背景

随着全球经济布局和产业转移步伐的加快，现代管理模式越来越趋向于项目管理。据统计，全球经济活动中有 30% 以上是采用项目的形式执行（Turner，2008）。这种泛项目化的发展趋势正逐步改变着人们的管理模式，使得项目管理成了各行各业讨论的热门话题（赛云秀，2012）。针对项目管理的理论研究主要聚焦在资源受限型项目调度问题（Resource Constrained Project Schedule Problem，简称 RCPSP）上，并取得了大量的研究成果（Demeulemeester and Herroelen，2002；方晨和王凌，2010等）。针对 RCPSP 研究的目标函数包括时间类目标函数、费用类目标函数、资源类目标函数和财务类目标函数，具体见图 1.1，但是以往的研究大多是以工期最短或费用最小作为目标函数，对财务类目标函数关注比较少（Brucker et al.，1999；Mckim et al.，2000）。由于利率的上升和融资成本的增加，财务类目标函数更符合企业对利润的追求，尤其针对投资金额大，周期比较长的资金密集型项目，例如"一路一带"大型跨国项目，政府和社会资本合作的 PPP 项目。

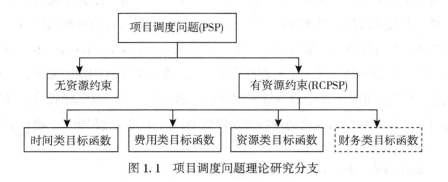

图 1.1　项目调度问题理论研究分支

最常见的财务类动态衡量指标是项目净现值(Net Present Value，简称 NPV)。任何项目在执行过程中都不可避免地涉及现金的流入和流出。现金的流入代表业主的支付，现金的流出代表人力、设备以及原材料所造成的费用。考虑到资金的时间价值，项目净现值是项目预期实现的现金流入现值与实施该项目的现金流出现值的差额。站在承包商的角度来说，他希望尽早得到业主支付的同时又尽可能晚地推迟费用的支付，来实现自身净现值最大化。因此在构建一个调度计划来合理安排现金流的支付，对提升项目净现值收益具有重要的实践意义。

项目净现值问题作为 RCPSP 的一个分支，最早有 Russell(1970)提出了第一个无资源约束的项目净现值最大化模型(简称 Max-NPV 模型)。针对该问题迄今产生了不少研究成果(Herroelen，1997；何正文，2005)，对研究现状进行纵览发现大多数研究是在确定性环境下构建 Max-NPV 模型，采用优化求解的方法获得模型的最优解(Vanhoucke and Demeulemeester，2003)，或者是通过各种启发式算法获得模型的近似最优解(He et al.，2008)，并生成理想状态下的基准调度计划。以上研究都局限在确定性环境，但项目在实际执行过程中由于市场环境快速变化，项目面临的不确定性因素日益增多，例如活动时间估计的不准确、交货期改变、工程范围更改、材料和设备延期到达、气候发生变化等(Wang，2005)，这使得越来越多的项目出现问题。美国专门跟踪 IT 项目成败的权威机构 Standish Group 在 2015 年的 *CHAOS Report* 中指出，在 2015 年只有 29%的项目真正成功(同时满足时间、成本以及范围三个维度)。报告还指出未能构建有效的调度计划应对项目执行过程中的高不确定性是导致项目失败的主要原因(见图 1.2)。

正是由于各种不确定性因素的存在，尤其是活动工期的不确定性，项目严格按理想状态下构建的基准调度计划执行的概率非常低，并经常与基准计划发生偏离。这不仅增加了财务成本、库存成本、组织协调成本等，还会干扰现金流的支付计划，大大降低基准调度计划的指导价值，严重影响项目的净现值收益，甚至可能会使一个盈利的项目最后变成一个亏损的项目(Buss and Rosenblatt，1997)。何正文和徐渝(2008)通过一个案例研究也表明，受不确定性因素的影响，与理想的优化支付进度相比，承包商和业主实际收益都下降，承包商实际收益下降幅度更为明显。2010 年中国铁建的沙特麦加轻轨项目因在实施过程中①，项目活动的

---

① http://www.sohu.com/a/237093355_100028248.

实际工期比计划工期大幅增加，造成了 41 亿元人民币的大额亏损。2011 年，中海外承建的波兰 A2 高速公路项目因严重超期①，被开出了 2.71 亿美元的罚单，并依据波兰法律要求中海外建筑企业成员在未来 3 年内，都不能在波兰参与任何道路工程建设。相对于项目执行过程中为应对不确定性因素不停地调整调度计划，项目执行者更希望基准调度计划具有稳定的执行能力。净现值作为重要的财务类衡量指标，关乎项目成败，因此在不确定性环境下，构建一个稳健的调度计划来保证现金流尽可能按原计划支付以减少净现值的损失，是项目从业者和管理者们需要关注和深思的一个重要问题。

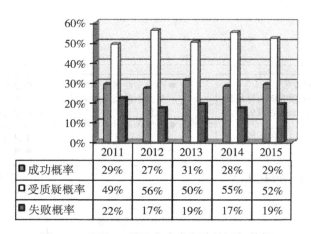

	2011	2012	2013	2014	2015
■ 成功概率	29%	27%	31%	28%	29%
□ 受质疑概率	49%	56%	50%	55%	52%
■ 失败概率	22%	17%	19%	17%	19%

图 1.2　美国 IT 项目成功或失败的历年数据

　　鲁棒性项目调度作为解决不确定性环境下项目调度问题的有效方法，已成为国内外研究领域的一个热点（Herroelen and Leus，2004a）。所谓"鲁棒性"是指系统承受不确定性因素的能力（李洪波和徐哲，2014）。鲁棒性项目调度是在项目的计划阶段提前考虑项目执行过程中的各种不确定性因素，并主动采取一些必要措施生成抗干扰能力较强的调度计划，其中鲁棒性资源分配和时间缓冲管理是解决鲁棒性项目调度问题的两种主要策略（Herroelen and Leus，2004b）。鲁棒性资源分配是通过对资源进行有效地配置，生成合理稳定的资源流网络来增强基准调度计划的鲁棒性（Artigues et al.，2003；Leus，2003；Deblaerectal et al.，2007）。时

---

① 　http://www.sohu.com/a/198519849_100042986? qq-pfto＝pcqq.group.

间缓冲管理强调在项目活动中或项目链中插入缓冲给予保护，以应对项目执行过程中各种突发情况（Goldratt，1997；Leus，2003；Van de Vonder et al.，2006，2007，2008）。针对鲁棒性项目调度问题迄今为止已取得了很多的研究成果，但研究大多集中在项目的时间类的目标函数上，很少涉及财务类目标函数（Herroelen and Leus，2004）。

　　基于现实与理论的需求，针对活动工期不确定性，考虑到项目净现值的重要性和鲁棒性项目调度的有效性以及该研究的局限性，本书将"鲁棒性"引入项目调度问题的净现值研究，采用鲁棒性资源分配和时间缓冲管理两种策略构建鲁棒性调度计划，保证现金流尽可能按原计划支付，本书研究背景可用图1.3进一步表述。

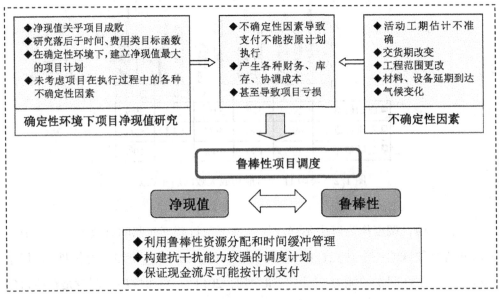

图 1.3　本书研究背景框架

1.2　研究意义

　　本书从"鲁棒性"的角度为项目调度问题的净现值动态研究提供了相应的方法，通过构建鲁棒性调度计划来应对活动工期的不确定性。这在理论上不仅丰富了鲁棒性项目调度和项目净现值的相关理论研究，还拓展了鲁棒性资源分配和时间缓冲管理的应用研究，以期能为实际项目管理问题提供相关指导。

1. 丰富了鲁棒性项目调度和项目净现值的相关理论研究

作为项目管理领域的研究热点，鲁棒性项目调度针对项目执行过程中的不确定性因素，旨在建立一个抗干扰能力强的项目调度计划。该研究以获得较短的项目工期并保证项目按计划执行作为研究的重点，但很少涉及项目财务类目标函数。净现值作为衡量项目成败的一个重要动态指标，它不仅考虑到了资金的时间价值，也更符合企业追求利润最大化的目标，然而关于项目净现值的研究大多集中在确定性环境下 Max-NPV 模型的构建和算法的优化上，不确定性环境下项目净现值的研究还处于初级理论阶段。因此本书将"鲁棒性"引入项目净现值的研究中，这在理论上进一步丰富了鲁棒性项目调度和不确定性环境下项目净现值的动态研究。

2. 拓展了鲁棒性资源分配和时间缓冲管理的应用研究

鲁棒性资源分配和时间缓冲管理在鲁棒性项目调度的发展之初，已取得了较多的研究成果，但大多数研究都是在工期最短的调度计划上通过有效地资源配置或插入时间缓冲增强调度计划的鲁棒性，并未考虑项目的净现值。因此本书首先采用鲁棒性资源分配策略，通过资源流网络的优化来降低项目净现值的期望惩罚成本，提升调度计划的鲁棒性。同时又采用时间缓冲管理策略，通过风险识别和风险评估在拖期风险较大的活动前插入缓冲来应对活动工期的不确定性，保证活动现金流尽可能按原计划支付。以上相关研究拓展了鲁棒性资源分配和时间缓冲管理的应用研究。

3. 指导企业在不确定性环境下制定合理稳定的现金流支付计划

在实际的项目管理中，管理者不仅希望项目净现值越大越好，同时又希望项目能尽可能地按原计划执行。本书通过构建鲁棒性调度计划尽可能地降低工期的不确定性给项目净现值带来的风险损失，并保证现金流支付计划的稳健。在实践方面，由于考虑了工期的不确定性、资源配置的有效性以及活动拖期风险的传递

5

性等因素，使得本书的研究更符合项目的实际性，尤其适用于工期不确定性程度较高、风险较大的资金密集型项目，例如跨国大型项目，新产品开发、基础设施建设等。

1.3　研究方法与技术路线

本书采用鲁棒性项目调度解决工期不确定的项目净现值问题。首先在确定性环境下构建了净现值最大化的初始调度计划作为后续研究的基础。随后针对工期的不确定性，分别采用鲁棒性项目调度中的鲁棒性资源分配策略和时间缓冲管理策略降低项目净现值的期望惩罚成本。然后通过改变缓冲插入位置和缓冲大小设置对调度计划的"解"鲁棒性和"质"鲁棒性进行权衡，并构建了考虑双鲁棒性的项目净现值优化模型。最后将鲁棒性资源分配策略和时间缓冲管理策略进行集成优化，进一步提升调度计划的鲁棒性。本书在研究过程中用到了以下 6 种研究方法。

1. 风险管理方法

为了应对项目执行过程中活动工期的不确定性以及活动拖期风险的传递性，本书采用风险管理的方法通过风险识别、风险评估以及风险应对来降低活动拖期给项目净现值带来的风险损失。首先通过动态规划的方法识别出现金流拖期支付风险概率较大的活动，然而通过量化计算评估活动现金流拖期支付给项目净现值带来的风险损失，最后采取一些积极主动的措施来应对拖期风险的传递。在本书的研究中，风险应对采用的是鲁棒性项目调度中的鲁棒性资源分配策略和时间缓冲管理策略。基于鲁棒性项目调度的风险管理理论框架具体流程见图 1.4。

2. 资源流网络方法

在给定一个基准调度计划的基础上，由于可更新的资源从一个活动节点传输到另一个活动节点时会产生资源流动，活动间的资源流动形成的箭线集合构成了资源流网络。由于资源的稀缺性，有限的资源在活动节点间传输时会形成新的工

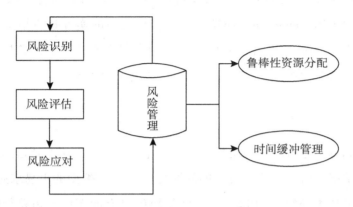

图 1.4 基于鲁棒性项目调度的风险管理理论框架

序约束，因此活动的拖期风险不仅可以通过项目网络直接传递给具有工序约束的直接或间接后续活动，还可以通过资源流网络传递给资源驱动形成的直接或间接后续活动，造成当前活动以及该活动的所有后续活动的现金流不能按原计划支付。因此针对活动拖期风险的滚雪球式的"多米诺骨牌"效应，本书从鲁棒性资源分配的角度优化资源流网络，通过有效地资源配置来降低项目净现值的风险损失。

3. 分散缓冲管理方法

分散缓冲管理强调将时间缓冲分散到项目的各个活动中，旨在吸收不确定性并分散风险。它通过在拖期风险较大的活动前加入时间缓冲来保护活动现金流的支付不受不确定性因素的干扰，进而降低净现值的风险损失。项目在执行过程中采用"时刻表"(Railway)策略，即所有活动的开始时间都不得早于基准调度计划中活动的开始时间，该策略能有效地保证活动现金流的支付按原计划执行。

4. Monte Carlo 模拟方法

Monte Carlo 模拟方法在现代项目管理中有着广泛地应用，它通过为活动工期选择合适的先验分布，实现从已知概率分布抽样，进而建立各种估计量，以此进行项目绩效评估。在本书的研究中由于项目网络的复杂性和活动工期的不确定

7

性，很难通过数学规划的方法获得相应的项目绩效衡量指标。因此本书通过MATLAB 平台采用 Monte Carlo 模拟方法来仿真项目的实际执行情况，并设计相关指标衡量不同资源分配算法和时间缓冲算法构建的调度计划的鲁棒性，这为不同的算法的绩效对比提供了量化分析的方法和决策的依据。

5. 动态规划方法

动态规划方法是解决多阶段决策过程最优化的一种方法，其目的是在不改变问题本质的情况下将一个比较复杂的问题化解为同一类型的更易求解的子问题。动态规划中的迪杰斯特拉(Dijkstra)算法解决的是有向图中最短路径问题。考虑到动态规划最长路径问题和最短路径问题的相似性，本书针对活动工期的不确定性，提出了改进的迪杰斯特拉算法，采用递归的方法递推出在有向项目网络和资源流网络中两个活动间的最长路径，然后计算出活动现金流拖期支付的风险概率。

6. 基于优先准则的启发式算法和智能算法的应用

不论是采用鲁棒性资源分配策略还是时间缓冲管理策略构建鲁棒性调度计划，都需要构建相应的优化模型，并针对模型设计相应算法进行求解。由于项目网络的复杂性以及研究问题的 NP-hard 属性，很难通过精确算法(如整数规划算法或分支定界算法)获得模型的最优解。虽然启发式算法无法保证获得问题的全局最优解，但相对于精确算法，其计算速度快，搜索效率高，能在计算质量和计算效率上得到很好的平衡。因此本书采用基于优先准则的启发式算法和智能算法来解决鲁棒性项目调度中净现值的优化问题。针对鲁棒性资源分配和时间缓冲管理，采用以优先准则为基础的启发式算法进行资源的有效配置和缓冲的合理插入。针对考虑双鲁棒性的项目净现值优化模型，采用模拟退火和禁忌搜索这两种具有代表性的智能算法进行求解。在算法的具体应用时，首先采用 C 语言在MATLAB 平台上编写和调试相应程序，然后依据程序构建出相应的鲁棒性调度计划，最后通过大规模仿真对比实验验证算法的有效性和可行性。

本书的研究技术路线图见图 1.5。

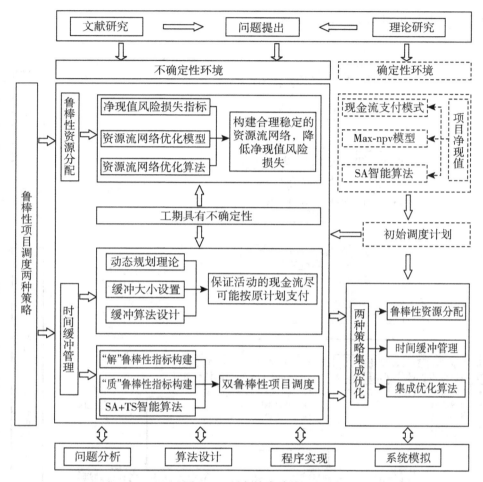

图 1.5 研究技术路线

1.4 总体结构

图 1.6 显示了本书的整体结构，全书共有 8 个章节，具体内容如下：

第一章：绪论。从现实问题和理论研究的角度阐述了本书的研究背景、研究问题以及研究意义。结合本书的具体研究方法和技术路线，建立了研究的组织结构。

第二章：文献综述。针对本书研究涉及的主要问题及相关的研究方法，查阅国内外文献，对项目净现值和鲁棒性项目调度的相关研究进行了系统性的梳理和总结，并归纳出对本书研究的理论启示。

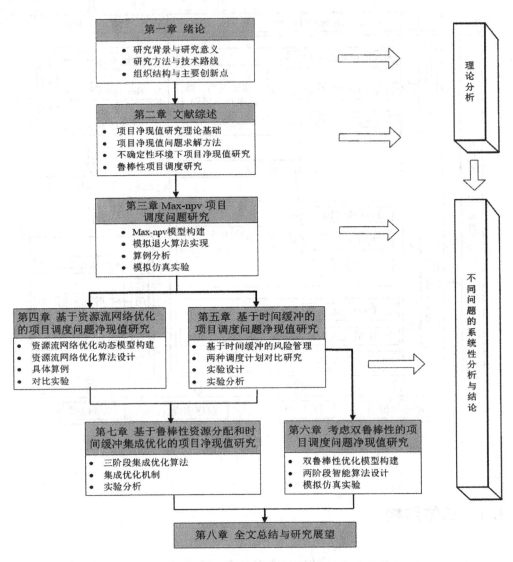

图 1.6　本书组织结构

第三章：Max-NPV 项目调度问题研究。在确定性环境下构建净现值最大化的初始调度计划是所有后续研究的基础。因此本书研究的第一步就是在可更新资源的可用量和活动工期都确定的环境下，建立满足工序约束、资源约束、截止工期约束以及项目收益率约束的 Max-NPV 模型。然后针对该模型设计了模拟退火算法进行求解。考虑到工期的不确定性对活动现金流支付计划的干扰,本书最后通过设计仿真实验模拟理想状态下构建的调度计划在工期受到干扰时的实际执行情况。结果表明,受工期不确定性的影响,与理想的调度计划相比,项目净现值受损,并且工期不确定性程度越大,净现值下降幅度越明显。因此为应对工期的不确定性,构建一个稳健的调度计划来保证活动现金流尽可能按原计划支付至关重要,该结论为后文展开不确定性环境下项目净现值的相关研究提供了数据依据和理论支撑。

第四章:基于资源流网络优化的项目调度问题净现值研究。本章考虑到活动工期的不确定性,针对第三章构建的净现值最大化的最优调度计划,从鲁棒性资源配置的角度通过优化资源流网络来提升调度计划应对风险的能力。首先构建了以净现值期望惩罚成本最小化为目标的资源流网络优化模型。然后针对该模型设计了 MEPC 资源流网络优化算法。最后通过蒙特卡洛仿真对比实验得出结论:该优化算法不仅能迅速有效地完成资源配置,还能通过降低净现值的期望惩罚成本提升调度计划的鲁棒性。

第五章:基于时间缓冲的项目调度问题净现值研究。为应对活动拖期对项目净现值产生的不利影响,本章通过时间缓冲管理策略来保护活动的现金流尽可能按原计划支付。首先考虑到活动的现金流权重、资源流网络、活动工期的不确定性以及活动拖期风险的传递性,通过风险管理方法中的风险识别和风险评估找出活动拖期风险造成净现值期望惩罚成本较大的活动,然后设计了 EPC 分散缓冲算法通过反复迭代实现调度计划的净现值期望惩罚成本最小化。为验证算法的有效性和可行性,在相同的约束条件下,将之与 Max-NPV 非鲁棒性调度计划进行对比分析。实验结果表明,采用时间缓冲管理策略构建的调度计划不仅在项目净现值的相关绩效指标上有更优的结果,而且调度计划具有更好的鲁棒性。

第六章:考虑双鲁棒性的项目调度问题净现值研究。以往的研究大多从"质"鲁棒性和"解"鲁棒性两方面来衡量调度计划的鲁棒性。在实际项目中,管理者不仅期望获得更大的净现值,还希望项目尽可能按原计划执行,因此本章首先从净现值的角度构建了衡量调度计划"质"鲁棒性和"解"鲁棒性的指标。然后设计了一个考虑双鲁棒性的项目净现值优化模型。针对该模型采用集成模拟退火算法和禁忌搜索算法的两阶段智能算法进行求解。最后通过大规模仿真对比实验验证了相对于单阶段智能算法和其他的优化算法，两阶段智能算法在搜索效率上的优越性。研究结果还表明本书设计的两阶段智能算法（模拟退火或禁忌搜索）在保证活动现金流按计划支付的同时还能获得满意的净现值，这在实践中可以指导项目管理者构建双鲁棒性调度计划。

第七章：基于鲁棒性资源分配和时间缓冲集成优化的项目净现值研究。针对同一个调度计划会存在不同的资源分配方案，不同的资源分配方案对应不同的资源流网络，不同的资源流网络不仅直接影响到缓冲大小的设置和缓冲位置的插入，还会影响到缓冲保护的效果。因此本章将鲁棒性资源分配与时间缓冲管理两种策略进行集成优化，通过设计三阶段集成优化算法构建鲁棒性调度计划。第一阶段采用第三章设计的 SA 算法构建净现值最大化的初始调度计划；第二阶段针对第一阶段构建的初始调度计划采用第四章设计的 MEPC 资源流网络优化算法通过有效的资源配置生成合理稳定的资源流网络。第三阶段将对第二阶段构建的资源流网络与第五章设计的 EPC 分散缓冲算法进行集成优化，进一步提升调度计划的鲁棒性。然后设计了集成优化机制，从鲁棒性和非鲁棒性两个角度，针对初始调度计划、资源分配算法、时间缓冲算法以及反应式调度中优先准则这四种因素对应的不同选择组合了 32 种集成优化算法。最后通过大规模仿真对比实验探讨了以上四种因素对调度计划鲁棒性产生的影响，并从"质"鲁棒性和"解"鲁棒性两方面验证了本书设计的三阶段集成优化算法（SA+MEPC+EPC）的优越性。

第八章：全书总结与研究展望。对本书的研究内容及主要工作做了系统性总结，并对未来的研究提出进一步展望。

从本书的整体框架和各章节的研究内容综合来看，第三章在确定性环境下构建的净现值最大化的初始调度计划是后续在不确定性环境下构建鲁棒性调度计划的基础。第四章和第五章针对活动工期的不确定性，分别采用了鲁棒性资源分配策略和时间缓冲管理策略构建抗干扰能力较强的鲁棒性调度计划。第六章是在第五章的基础上通过改变缓冲插入位置和缓冲大小设置来权衡调度计划的"质"鲁棒性和"解"鲁棒性。第七章是在第四章和第五章的基础上将鲁棒性资源分配和时间缓冲管理两种策略进行集成优化。

2　不确定环境下项目净现值问题研究综述

传统的项目净现值研究集中在确定性环境下构建净现值最大化的最优调度计划。但由于各种不确定性因素的存在，项目在实际执行过程中会与理想状态下构建的调度计划发生偏差，给项目净现值带来损失。鲁棒性项目调度是解决不确定环境下项目调度问题的有效方法，但其研究主要集中在时间类目标函数上，很少涉及财务类目标函数。因此针对活动工期的不确定性，本书将鲁棒性项目调度引入项目净现值问题研究中，通过鲁棒性资源分配和时间缓冲管理两种策略保证项目现金流尽可能按原计划支付，降低净现值的风险损失。下文首先针对项目净现值问题从研究方法的分类、模型的构建、现金流支付模式的选择、解决模型的优化算法以及不确定性环境下项目净现值问题的相关研究做了详细的文献梳理；然后针对鲁棒性项目调度从研究框架、概念模型、指标分类以及鲁棒性资源分配策略和时间缓冲管理策略这几方面的研究做了相应的文献综述。

2.1　项目净现值研究理论基础

2.1.1　净现值的概念

项目可行性评价指标有很多，但针对项目的盈利情况，按是否考虑资金的时间价值可以划分为静态评价指标和动态评价指标。随着利率的不断上升和融资成本的不断增加，尤其针对投资金额比较大、周期比较长的大型复杂项目，动态评价指标能更好地反映项目的实际盈利情况，其中项目净现值(Net Present Value，简称 NPV)是最常用的一种动态评价指标(黄有亮等，2002)。

项目净现值是指在项目执行的所有时间段内将现金流入量和现金流出量按一

定的基准收益率(或折现率)折现到项目开始时刻现值的差额,具体计算如下:

$$NPV = C_0 + \sum_{t=1}^{n} \frac{C_t}{(1+r)^t} \tag{2-1}$$

式(2-1)中 NPV 代表项目净现值;C_0 代表项目开始时刻现金流的净值;C_t 代表 t 时刻项目现金流的净值;n 代表项目现金流的折算周期;r 代表基准收益率或折现率。

若项目净现值大于 0,说明该投资方案可行。净现值越大,方案的投资收益率越高(何正文等,2005)。

2.1.2　Max-NPV 经典模型

项目在执行过程中都会涉及现金的流入和流出,其中现金流入(Cash Inflows)代表完成部分或全部项目后承包商从业主那里得到的符合合同价值量的支付;现金流出(Cash Outflows)代表项目在执行过程中由于人力、设备、原材料等给承包商造成的费用。考虑到现金流的时间价值,站在承包商的角度,他希望尽可能早地得到业主支付的同时又尽可能晚地推迟费用的支付,实现自身净现值的最大化。

以净现值最大化作为目标函数的项目调度问题称为 Max-NPV 项目调度问题,简称 Max-NPV 问题。Max-NPV 问题作为 RCPSP 的一个分支,迄今为止产生了不少研究成果。对已有研究进行梳理,总的来说针对该问题的研究从资源约束类型上可以划分为无资源约束(Resource Inconstrained)的 Max-NPV 问题和考虑资源约束(Resource Constrained)的 Max-NPV 问题。从研究的方法上,Max-NPV 问题的研包括基于活动的研究方法和基于事件的研究方法两种类型。前者采用节点式(Activity on Node,简称 AON)有向网络,或称为单代号网络。在 AON 网络中每个节点代表一个活动,节点间的箭线代表活动间的工序约束,现金流与活动相关;后者采用箭线式(Activity on Arrow,简称 AOA)有向网络,或称为双代号网络。在 AOA 网络中活动有连接该活动的两个节点的箭线表示,现金流与事件相关。下文针对不同的资源约束类型和研究方法给出了两个经典的 Max-NPV 模型。

1. Russell 模型

Russell 在 1970 年首次将净现值的概念引入项目调度问题研究,构建了第一个无资源约束的 Max-NPV 模型。该模型采用基于事件的研究方法,模型假设项

目有 m 个活动，活动的计划工期为 $d_k(k = 1, 2, \cdots, m)$，每个活动都有一个起始事件和结束事件。项目在执行期间产生了一系列现金流，有 n 个在 $T_i(i = 1, 2, \cdots, n)$ 时刻发生现金流动的事件，事件的现金流入量和现金流出量的净值为 CF_i，并且现金流发生在事件的结束时刻，模型构建具体如下：

$$\text{Maximize} \sum_{i=1}^{n} CF_i e^{-\alpha T_i} \tag{2-2}$$

$$\text{s. t.} \quad T_{i(k)} + d_k \leq T_{j(k)} \quad k = 1, 2, \cdots, m \tag{2-3}$$

式 (2-2) 是项目净现值最大化的目标函数，其中 $e^{-\alpha} = 1/(1 + r)$ 为折现因子 (r 为折现率)，T_i 表示事件 i 的发生时间；式 (2-3) 代表了项目活动的工序约束，其中 $i(k)$ 和 $j(k)$ 分别表示活动 k 的始节点和尾节点。Russell (1970) 通过 Taylaor 展开式将上述非线性规划问题转化成了线性规划的形式，并采用对偶形式中的网络运输问题进行求解，但该算法只能解决小规模的项目问题。

2. Herroelen and Brucker 模型

Herroelen 和 Brucker (1994) 构建了一个满足可更新资源约束的 Max-NPV 模型，该模型采用基于活动的研究方法。项目活动从 0 开始拓扑编号，虚拟活动 0 代表项目开始，虚拟活动 $n+1$ 代表项目结束。项目有 n 个实际活动，$d_i(i = 1, 2, \cdots, n)$ 代表活动的计划工期，CF_i 代表活动现金流入量和现金流出量的净值。模型假设现金的流入和流出与活动相关，并且发生在活动的结束时刻。模型中共有 k 种可更新资源，a_k 是第 k 种资源的供给量，r_{ik} 表示活动 i 对第 k 种资源的需求量。模型的具体构建如下：

$$\text{Maximize} \sum_{i=1}^{n} CF_i e^{-\alpha(s_i + d_i)} \tag{2-4}$$

$$\text{s. t.} \quad s_i + d_i \leq s_j \quad \forall (i, j) \in A \tag{2-5}$$

$$\sum_{i \in s(t)} r_{ik} \leq a_k \quad k = 1, 2, \cdots, K, \quad t = 1, 2, \cdots, \delta_{n+1} \tag{2-6}$$

$$s_{n+1} \leq \delta_{n+1} \tag{2-7}$$

式 (2-4) 是项目净现值最大化的目标函数，其中 s_i 表示活动 i 的计划开始时间；式 (2-5) 是活动的工序约束；式 (2-6) 是活动 i 的可更新资源约束；式 (2-7) 保证项目的完工时间不超过截止工期 δ_{n+1}。

本书针对 Max-NPV 问题的研究从资源约束类型和研究方法两个方面进行了

划分，其中代表性研究成果见表 2.1。

表 2.1 　　　　　　　**Max-NPV 问题研究分类及代表性成果**

	基于事件	基于活动
无资源约束	Russell(1970)	Smith-Daniels(1986)
	Elmaghraby 和 Herroelen(1990)	Demeulemeester 等(1996)
	Herroelen 和 Gallens(1993)	汪嘉旻等(2002)
		Marava(2012)
可更新资源约束	Russell(1986)	Smith-Daniels 和 Aquilano(1987)
	Padman 和 Smith-Daniels(1993)	Yang 等(1992)
	何正文等(2005)	Dayanand 和 Padman(2001b)
	张静文等(2006)	Vanhoucke(2009)
	He 等(2008，2012)	Alican 和 Meral(2017)

2.1.3 现金流支付模式

项目净现值的大小不仅和现金流入量和现金流出量直接相关，还和现金流的支付模式(支付次数和支付时间的选择)相关。由于项目具有不同的特点，因此现金流的支付模式也不同，常见的四种支付模式有：一次性支付模式、基于时间的支付模式、基于项目进度的支付模式和基于事件的支付模式(郭建霞和杜志达，2011)。

1. 一次性支付模式

一次性支付模式(Lump Sum Payment at the Terminal Event，简称 LSP)在文献中较为常见(Uluso，2001；马蒙蒙，2004)。LSP 是当项目完工时并且全部项目都合格验收后，业主将项目执行期间发生的所有费用一次性支付给承包商。由于 LSP 支付模式要求承包商自身先承担项目在整个执行过程中发生的所有费用，因此对业主来说它是一种理想的支付模式，但不利于承包商和业主之间利益的权衡，并且该模式主要适用于小型短期项目。LSP 支付模式的模型构建如下：

$$\text{NPV}_{LPS} = \sum_{i=1}^{n} CF_i \mathrm{e}^{-\alpha C_{\max}} \tag{2-8}$$

其中 $C_{\max}$ 代表项目的完工时间，$\sum_{i=1}^{n} CF_i$ 是所有活动在项目的执行期间产生的所有费用之和。

2. 基于时间的支付模式

基于时间的支付模式有两种情况，一种情况是等时间间隔支付模式（Payments at Equal Time Interval，简称 ETI），即业主在项目执行期间共进行了 H 次支付，第一次支付发生后，直到项目完工进行最后一次支付，期间所有费用的支付都是在相等的时间间隔内完成的，相邻两次支付的时间间隔是固定的（刘士新等，2001；万伟等，2002；周楷，何正文，2008）。ETI 支付模式模型构建如下：

$$\text{NPV}_{ETI} = \sum_{p=1}^{H} P_p \mathrm{e}^{-\alpha T_p} \tag{2-9}$$

其中 P_p 代表业主给予开发商第 p 次支付时的支付额度，其中 $p = 1, 2, \cdots, H$；T_p 代表第 p 次支付发生的时间，项目的最后一次支付发生在项目的完工时刻，即 $T_H = C_{\max}$。相邻两次支付的时间间隔为 t，其中 $t_p - t_{p-1} = t(p = 1, 2, \cdots, H)$。

基于时间支付的另外一种情况是阶段性的支付模式（Progress Payments，简称 PP），PP 模式是指在固定的时间间隔 $[C_{\max}/H]$ 内，业主向承包商支付该时间段内项目执行所涉及的各种费用，直到项目完工，其中 $[\,]$ 为取整函数，$C_{\max}$ 为合同规定的项目工期（何小丽，2012）。例如，承包商会在每个月月末因该月完成部分项目活动而收到一定的工程款，称为"按月累积支付"。PP 支付模式的模型构建如下：

$$\text{NPV}_{PP} = \sum_{p=1}^{H-1} P_p \mathrm{e}^{-\alpha T_p} + P_H \mathrm{e}^{-\alpha C_{\max}} \tag{2-10}$$

ETI 模式和 PP 模式都是采用等时间间隔的方式进行支付，但二者的区别在于 ETI 模式中支付次数是提前确定的，而在 PP 模式中支付次数依赖于项目工期（Ulusoy，2001）。

3. 基于项目进度的支付模式

基于项目进度的支付模式（Payments at Prespecfied Events Nodes，简称 PEN）

是指项目的支付时间和次数依赖于项目进度，即当承包商累计完成的合同价值量（累计的净现值）达到 $[U/K]$ 的一个整数倍时业主便安排一次支付，其中 U 为合同的总价值，或者当承包商的累积费用达到 $[C/K]$ 的一个整数倍时业主便安排一次费用支付，其中 C 为项目的总费用。最后一次支付发生在项目的结束时刻（何正文等，2005）。

4. 基于事件的支付模式

基于事件的支付模式（Payments at Event Occurrences，简称 PEO）是指项目的支付与一系列活动的发生相关（何正文等，2004，2005；黄少荣等，2009）。PEO 模式又分为两种情况：第一种是基于里程碑事件的支付模式（Payments at Milestone Events，简称 PME），该模式是按照指定的里程碑事件进行支付，业主的支付发生在里程碑事件的完成时刻。另外一种情况是当项目活动完工时，承包商从业主那里得到与该活动相关的费用支付，即基于活动完工的支付模式（Payments at Activity Completion，简称 PAC），PAC 支付模式的模型构建如下：

$$\mathrm{NPV}_{\mathrm{PAC}} = \sum_{i=1}^{n} \mathrm{CF}_i \mathrm{e}^{-\alpha \mathrm{FT}_i} \tag{2-11}$$

其中 FT_i 代表活动 i 的完工时间。

以上是现金流常见的四种支付模式，项目管理者需要根据项目的类型和目标选择合适的支付模式，确保项目顺利实施。

2.2　项目净现值问题求解方法

从 Rucell（1970）早期工作至今，针对项目净现值问题，学者们提出了各种数学优化模型和相应的求解算法。通过对现有文献进行总结梳理，目前求解项目净现值问题的优化方法有三种，分别为精确算法、基于优先准则的启发式算法和智能算法。

2.2.1　精确算法

精确算法主要包括穷举法、整数规划算法以及分支定界算法。穷举法由于搜索效率较低，在该领域应用较少。最常见的解决项目净现值问题的精确算法是分支定界算法。Icmeli 和 Erenguc(1995)采用了基于事件的研究方法，首先在搜索树的初始节点上获得一个不受资源约束的 Max-NPV 问题的最优解，然后判断该解是否满足资源约束，如果满足算法终止；如果不满足，则通过向不受资源约束的 Max-NPV 问题添加新的工序优先关系来解决资源冲突问题。实验结果表明，该算法的结果优于 Yang 等(1992)提出的算法。Vanhoucke 等(2001)、Neumann 和 Zimmermann(2002)在 Demeulemeester 和 Herroelen(1992，1997)的研究基础上设计了分支定界算法求解 Max-NPV 模型。以上算法都设计了相同的调度生成机制，该机制通过在有资源冲突的活动间加入新的工序约束来解决资源冲突。

Szmerekovsky(2005)构建了一个由业主决定需要支付的活动，承包商来进行项目调度安排的优化模型，分别实现业主和承包商的净现值最大化。考虑到模型的 NP-hard 属性，采用分支定界算法进行求解。Alican 和 Meral(2017)针对项目净现值问题，构建了非线性规划的混合整数模型。模型假设业主的支付时间以合同为依据，通过对项目活动进行调度优化实现净现值最大化。针对该模型设计了分支定界算法，该算法采用了有效的上下界机制。

除采用分支定界算法外，针对具有可更新资源约束的项目净现值问题，Yang 等(1992)采取基于活动的研究方法，设计了一种整数规划算法。该算法是对求解带有资源约束的工期最短的项目调度问题列举算法的一种修正。但它的求解时间严重依赖项目的截止日期，当截止工期超过最短工期时，算法的计算时间呈指数增加。Doersch 和 Patterson(1997)研究了有资源约束的 Max-NPV 问题，并采用整数规划算法进行求解。由于整数规划算法时间效率的局限性，它在解决项目净现值问题中应用并不多。

针对无资源约束的或者小规模的有资源约束的项目净现值问题可以采用精确算法求解，但针对活动个数超过 60 个的资源受限的项目净现值问题，精确算法无法在可接受的时间范围内获取最优解，需要采用基于优先准则的启发式算法或智能算法进行求解。

2.2.2 基于优先准则的启发式算法

精确算法求解项目净现值问题虽然能获得模型最优解，但需要大量的计算时间。在项目的实际应用中，项目管理者更希望花费近可能短的时间获得一个近似最优的调度计划。因此学者们设计了基于优先准则的启发式算法。该算法虽然执行效率比较高，但不能保证所得解的最优性，并且算法是问题依赖型的，需要根据不同的研究问题选择一个或者多个优先准则的组合进行求解。

Russell(1986)采用基于事件的研究方法，针对有资源约束的 Max-NPV 模型设计了六种优先准则，并在 80 个算例上进行了测试。实验结果表明，没有哪一种优先准则在所有算例上都能获得满意解。Baroum 和 Patterson(1993)提出了一种基于活动现金流权重优先准则的启发式算法，该算法首先找出现金流权重最大的活动，在满足工序约束和资源约束的前提下优先安排该活动执行，最大限度地提升承包商的净现值收益。Özdarmar 等(1994)设计了六种混合的启发式优先准则，并将以上优先准则应用到一个多通道的迭代算法中。Yang 和 Zhu(2002)针对解决资源受限的 Max-NPV 问题中已有的大量优先准则进行了对比实验。结果表明采用基于优先准则的启发式算法获得满意的调度计划并非易事，并且如果选择了不合适的优先准则会给项目净现值带来损失。

2.2.3　智能算法

智能算法通过将自然现象抽象为算法模型，在求解组合优化问题中有较强的优势。针对大规模的资源受限的项目净现值问题，相对于精确算法，智能算法虽然只能获得研究问题的近似最优解，但能在解的质量和算法的时间效率上实现较好的均衡。近年来模拟退火算法、禁忌搜索算法以及遗传算法等智能算法在项目净现值问题的研究中取得了广泛的运用。

针对遗传算法，Ulusoy and Cebelli(2000)从承包商和业主两个角度，开发并设计了一种双回路的遗传算法。Ulusoy(2001)针对不同支付模式的资源受限的项目净现值问题设计了更为通用的遗传算法。张静文(2006)针对离散的时间-费用权衡问题，建立了具有活动类型时间转换约束的优化模型，并采用遗传算法进行求解。最后通过一个项目案例验证了该模型能更为准确的帮助承包商进行时间-费用的权衡。王为新等(2007)针对多模式资源受限的项目支付进度问题采用遗传算法进行求解。Vanhoucke(2009)针对资源受限的项目净现值问题设计了遗传算法来权衡项目的净现值和完工时间。Shahsavar 等(2010)构建了一个更符合实际情况的资源受限的项目净现值优化模型，并设置了奖励和惩罚机制确保项目在截至工期前完工。针对该模型,作者采用遗传算法进行求解,并通过实验验证了算法的有效性和可行性。郑维博等(2016)从承包商和业主双方视角出发,研究了融资能力约束下的多模式的 Max-NPV 问题,首先构建优化模型并采用禁忌搜索算法进行求解,最后通过具体的案例分析了关键参数对合同双方收益的影响。

在禁忌搜索和模拟退火算法方面:Dan 和 Rema(1999)针对资源受限的项目净现值问题,设计了禁忌搜索算法获得项目净现值最大化。Dayanand 和 Padman(2001a;2001b)从承包商和业主两个角度建立了单模式的项目支付进度优化模型,并针对以上模型设计了两阶段算法获得净现值最大化的支付计划。第一阶段采用模拟退火算法获得模型的近似最优解;第二阶段通过调整调度计划进一步增加项目的净现值收益。研究结果表明虽然模拟退火算法会受到具体参数设置的限制,但该算法在解决大规模的项目支付进度问题上非常有效。何正文和徐渝(2007)针对活动具有多种执行模式的项目支付进度问题,从承包商和业主两个角度构建了非线性的混合整数规划模型,并采用模拟退火算法进行求解。何正文等(2009)对现金流平衡约束下的净现值最大化的项目调度问题进行界定,设计模拟退火算法求解并进行了算例测试。

He 等(2008)针对多模式的项目支付进度问题,构建了 Max-NPV 模型,并针对该模型设计了两种智能算法(模拟退火算法和禁忌搜索算法)求解。作者采用 ProGen 软件生成随机算例验证了算法的有效性,实验结果表明模拟退火算法对应的绩效指标结果优于禁忌搜索算法。何正文等(2010)研究了基于不同支付模式项目支付进度问题,设计模拟退火和禁忌搜索两种算法进行问题的求解,并通过算例测试分析了关键参数对目标函数的影响。Khoshjahan 等(2013)针对每个活动都有最迟完工时间约束的资源受限项目调度问题,建立了拖期惩罚成本的净现值最小化模型。针对该模型采用遗传算法和模拟退火算法进行求解。Waligóra 等(2014)针对离散资源的项目净现值问题,采用三种支付模式构建净现值最大化的优化模型,并设计模拟退火和禁忌搜索算法进行求解。

遗传算法、禁忌搜索算法以及模拟退火算法在求解资源受限项目净现值问题中应用较多,被证明是非常有效的智能算法(He et al.,2012)。表 2.2 是求解项目净现值问题的优化算法文献分类。

表2.2   求解项目净现值问题的优化算法文献分类

算法分类	求解方法	代表文献
精确算法	分支定界	Demeulemeester and Herroelen(1992，1997)
	整数规划	Yang 等(1992)
启发式算法	优先准则	Baroum and Patterson(1993)
	多通道算法	Özdarmar 等(1994)
智能算法	遗传算法	Shahsavar(2010)
	模拟退火	Dayanand and Padman(2001a，2001b)
	禁忌搜索	He 等(2008)

2.3 不确定性环境下项目净现值问题研究

针对不确定性环境下项目净现值问题的研究具有一定地挑战性。汪嘉旻等(1999)通过对现有文献进行梳理指出项目调度问题的研究主要以工期最短为优化目标，对财务类目标函数关注较少，并且针对不确定性环境下项目净现值问题的研究还处于初级理论阶段。汪嘉旻等(2002)针对时间和费用具有不确定性的调度计划的风险性展开了研究，设计了以净现值最大化为目标的优化模型，并采用模拟退火算法进行求解。

Sobel 等(2009)针对不确定环境下项目现金流优化问题展开了研究，问题假设活动工期、成本以及收入都为随机变量，并构建净现值最大化的动态优化模型。Chen 等(2010)在不确定性环境下构建了以项目净现值最大化为目标的优化模型，设计了蚁群算法进行求解，并采用蒙特卡罗模拟仿真实验验证了模型和算法的有效性。Wiesemann 等(2010)在不确定性环境下设计了净现值最大化的优化模型，模型假设活动工期和现金流以一定的概率进行离散替换，针对该模型采用分支定界算法求解。Creemers 等(2010)假设活动工期服从指数分布，采用连续时间的马尔可夫决策链获取项目的最大净现值。

Chen 等(2012)在不确定环境下针对考虑现金流的随机多模式资源受限项目调度问题展开了研究，其中活动工期和成本都是随机变量。模型以净现值最大化为优化目标,并设计蚁群算法进行求解。Danka(2013)针对不确定环境下项目调度问题,假设活动工期和活动现金流都是随机变量,以项目完工时间最小化和净现值最大化作为目标函数构建了随机优化模型,并设计了一种基于抽样的双重混合标准的元启发式算法进行求解。

Zhao 等(2016)针对不确定性环境下项目净现值问题展开了研究。作者假设活动的工期为不确定性变量,构建了满足工序约束、资源约束以及截止工期约束的项目净现值最大化的优化模型,针对该模型采用修正的分布估计算法进行求解。Fathallahi and Najafi(2016)针对工期不确定的项目净现值问题,采用模糊理论,依据专家的经验和专业直觉对活动工期进行估计。

2.4 鲁棒性项目调度研究

2.4.1 鲁棒性项目调度内涵

所谓"鲁棒性"(Robustness)是指系统存在不确定性因素时仍能够保持正常工作的特性(李洪波和徐哲,2014)。鲁棒性在各行各业有着广泛的应用,如学术上的鲁棒车间调度、并机鲁棒调度以及机器人智能等(王勇胜和梁昌勇,2009)。Graves(1981)首次引入鲁棒性调度的概念,随后 Daniels 等(1995)研究了加工时间具有不确定性的单机鲁棒性调度问题。鲁棒性调度也常被应用于许多工程领域,如收割调度、飞行鲁棒调度、水资源应用以及化学工程等(Kouvelis,1997)。

鲁棒性项目调度(Robust Project Scheduling)作为解决不确定环境下项目调度问题的有效方法,已经成为了国内外研究领域的热点(Herrolen and Leus,2004b)。它通常采用预应式调度(Proactive Scheduling)或响应式调度(Reactive Scheduling)制定抗干扰能力强的调度计划来应对项目执行过程中的各种不确定性因素(Davenport and Beck,2002;Herrolen and Leus,2005a)。预应式调度发生在计划的制定阶段,它在制定调度计划时,提前评估项目执行过程中的相关风险和各种不确定性因素,主动采取一些必要措施,生成抗干扰能力较强的预应式调度计划;反应式调度是发生在调度计划的执行阶段,它在项目执行过程中针对不确定性因素的干扰,对调度计划进行修复或重新制定新的调度计划(Demeulemeester and Herroelen，2011)。从实践的角度来分析，一次性是项目的主要特性，项目的基准调度计划不能有效的预测项目在实施过程中所遇到的各种不确定性因素，因此指定响应的反应式项目调度计划尤其重要。

现有研究中大多采用三阶段方法来解决鲁棒性项目调度问题。第一阶段构建一个满足工序约束和资源约束的初始调度计划；第二阶段通过鲁棒性资源分配或时间缓冲管理构建预应式项目调度计划来保护初始调度计划，使其免受项目执行中各种突发情况的干扰；第三阶段当项目在实际执行过程中与基准调度计划发生偏离时，采用反应式调度进行修复(Demeulemeester and Herroelen，2009)。

2.4.2 鲁棒性项目调度研究框架

针对项目执行过程中各种不确定性因素，鲁棒性项目调度的研究主要集中在活动工期不确定和资源不确定两方面。活动工期不确定是指活动的实际工期或长或短于计划活动工期；资源不确定包括资源的可用量不确定、资源发生短缺、原材料不能按期到达以及活动的资源需求量不确定等。国内外学者针对鲁棒性项目调度展开了系统性研究，并取得了大量的研究成果。Herrolen and Leus(2004a)和Van de Vonder 等(2007)对现有鲁棒性调度算法进行归纳，介绍了三种构建预应式调度计划的方法和三种构建反应式调度计划的方法。Herroelen(2007)针对不确定性环境下如何生成鲁棒性调度计划进行了全面的阐述。国内王勇胜和梁昌勇(2009)以资源受限的鲁棒性项目调度的度量方式为主线，对该问题的相关文献进行了研究综述。田文迪(2014)将鲁棒性项目调度的相关文献按其阶段性策略分为预应式调度与反应式调度两大类，然后从活动工期的不确定性和资源的不确定性两个角度对鲁棒性项目调度的研究进行了全面的综述和分析。李洪波(2014)概述了鲁棒性项目调度问题研究的背景以及研究框架，并综述预应式调度和反应式调度的模型构建与解决方法，最后指出了鲁棒性项目调度的未来研究方向。

基于以上分析，本书以不确定性因素和项目调度策略作为分类标准，将鲁棒性项目调度划分为基于活动工期不确定的预应式调度(Proactive Scheduling under Activity Duration Uncertainty)、基于资源不确定的预应式调度(Proactive Scheduling under Resource Uncertainty)、基于活动工期不确定的反应式调度(Reactive Scheduling under Activity Duration Uncertainty)以及基于资源不确定的反应式调度

（Reactive Scheduling under Resource Uncertainty）。国内外学者针对以上四种鲁棒性项目调度问题提出了很多的解决方法，具体研究框架见表 2.3。

表 2.3 不确定性环境下鲁棒性项目调度问题的研究框架

调度策略	工期不确定		资源不确定	
	求解方法	代表文献	求解方法	代表文献
预应式调度	鲁棒性资源分配	Deblaerectal 等（2007）	资源缓冲	Lambrechts 等（2011）
	时间缓冲	Herroelen and Leus（2004）	随机规划	Lambrechts 等（2008）
	随机规划	Van de Vonder 等（2008）	模糊规划	王冰等（2011）
	鲁棒优化	Artigues 等（2013）		
反应式调度	提前或拖期问题	Van de Vander 等（2007）	启发式算法	Lambrechts 等（2008）
	反应式抽样法	Demeulemeester（2011）	干扰管理	Zhu 等（2007）
	资源流网络优化	张沙清等（2011）	约束规划	Wang（2005）

2.4.3 鲁棒性项目调度概念模型

鲁棒性项目调度问题的概念模型具体描述如下：

（1）项目由节点式网络 $G=(N, A)$ 表述，其中 N 表示项目活动的节点集合（$N=0$, 1, …, $n+1$），A 是由活动间的工序关系形成的箭线集合，代表"完工-开始"型的无时间间隔的优先关系。项目活动从 0 到 $n+1$ 拓扑编号，其中活动 0 和活动 $n+1$ 是虚拟活动，分别代表项目的开始和完工，虚拟活动既不消耗时间也不消耗任何资源。

（2）项目有 n 个实际活动，每个活动的计划开始时间为 s_j^B，实际开始时间为 s_j^R，活动计划工期为 d_j^B，活动实际工期为 d_j^R。项目中有 k 种可更新的资源，R_k^B 代表资源的计划总供给量，R_k^R 代表资源的实际总供给量。r_{jk}^B 表示活动 j 对第 k 种资源的计划需求量，r_{jk}^R 表示活动 j 对第 k 种资源的实际需求量。

（3）在不确定性环境下，活动的工期、资源的供给量以及活动的资源需求量都可能是不确定性变量，分别表示为 d_j^R、R_k^R、r_{jk}^R。

（4）鲁棒性项目调度就是在满足工序约束和资源约束的前提下，针对项目执行过程中的不确定性因素，为每个活动确定开始时间，生成满足既定目标函数的鲁棒性最强的基准调度计划 s^B，其中 $s^B = (s_0^B, s_1^B, \cdots, s_{n+1}^B)$。

鲁棒性项目调度问题的模型构建如下：

$$\max \quad F(S^B, \Psi) \tag{2-12}$$

$$\text{s. t.} \quad s_i^R + d_i^R \leqslant s_j^R \, \forall j \in N, \, \forall i \in pred_j \tag{2-13}$$

$$\sum_{j \in s(t)} r_{jk}^R \leqslant R_k^R \quad \forall k \in K, \, t = 1, 2, \cdots, \delta_{n+1} \tag{2-14}$$

$$s_j^R \geqslant 0 \tag{2-15}$$

式(2-12)代表调度计划鲁棒性最大化的目标函数，其中 Ψ 代表不确定性因素集合，$\Psi = (d_j^R, R_k^R, r_{jk}^R)$；式(2-13)为活动的工序约束；式(2-14)为可更新资源约束，其中 $s(t)$ 代表在 t 时刻正在执行的活动集合，$s(t) = \{ i \mid s_i^R < t \leqslant s_i^R + d_k^R \}$；式(2-15)定义了决策变量 s_j^R。以上是鲁棒性项目调度问题的概念模型，针对具体的问题需要确定不确定性参数，然后建立有明确意义的鲁棒性优化模型。

2.4.4 鲁棒性衡量指标分类

随着鲁棒性项目调度研究的发展和应用，学者们从解的取值和目标函数的取值两个角度提出了大量的鲁棒性衡量指标，总体来说可以归纳为"质"鲁棒性（Quality Robustness）衡量指标、"解"鲁棒性（Solution Robustness）衡量指标以及复合鲁棒性（Composite Robustness）衡量指标（Demeulemeester and Herroelen，2011）。

1."质"鲁棒性

"质"鲁棒性是针对项目执行过程中各种不确定性因素，制定出抗干扰能力较强的基准调度计划，使得项目的目标函数值对产生的干扰不敏感，即目标函数值不会变坏（Herroelen and Leus，2004c；Van de Vonder et al.，2006）。"质"鲁棒性常采用调度计划对应的目标函数的期望值来衡量，例如项目工期、项目成本以及项目净现值等。"质"鲁棒性还可以采用"服务水平"来衡量，如 Herroelen and Leus（2001）采用项目实际完工时间和计划完工时间偏离百分比来衡量调度计划的"质"的棒性。Van de Vonder 等（2005），Tian and Demeulemeester（2010，2013）采用项目即时完工率（Timely Project Compeletion Probability，简称 TPCP）作为"质"鲁棒性衡量指标，即 $\max(\Pr(s_{n+1} \leqslant \delta_{n+1}))$，其中 s_{n+1} 代表项目虚拟完工活动的实际完成时间(项目的完工时间)，δ_{n+1} 为项目的截止工期。

2. "解"鲁棒性

"解"鲁棒性是指调度计划的稳定性，又称为计划鲁棒性。项目的基准计划是活动执行、资源分配以及客户协调的依据。如果项目在执行过程中与基准调度计划发生偏离，会产生财务成本、库存成本和组织协调成本等。为应对项目执行出现的偏差，管理者需要不停地调整和变更调度计划。这会大大降低基准调度计划的指导价值，还会造成项目执行的混乱，甚至使基准调度计划变的不可行。因此，相对于项目执行过程不停地再调度，管理者希望项目尽可能按原计划执行，即调度计划具有"解"鲁棒性。"解"鲁棒性通常采用实际调度计划与基准调度计划的偏离程度来体现，如：时差、各活动的实际开始时刻偏离计划开始时间的程度等(Leus，2003)。

Sanlaville(2004)采用项目基准调度计划 SB 和实际调度计划 SR 之间最大差异作为调度计划的"解"鲁棒性衡量指标。Herroelen and Leus(2004b)提出采用所有活动实际开始时间偏离计划开始时间的权重和来度量调度计划的"解"鲁棒性，具体计算见公式(2-16)

$$\Delta(SB,\ SR) = \sum_{i \in N} w_i |S_i - s_i| \tag{2-16}$$

其中 s_i 代表活动 i 的计划开始时间，s_i 代表活动 i 的实际开始时间，N 为活动编号，$i \in N$。w_i 代表活动 i 延迟一单位时间开工给项目带来的边际惩罚成本。

项目在实际执行过程中，管理者希望调度计划的偏离程度越小越好，即项目各个活动的实际开始时间偏离计划开始时间的权重和最小化，见式(2-17)。

$$\min \sum_{i \in N} w_i E |S_i - s_i| \tag{2-17}$$

其中 E 为期望因子，$\sum_{i \in N} w_i |S_i - s_i|$ 被称为稳定性成本(Stability Cost，简称 SC)。

RCPSP 的优化模型具有强 NP-hand 属性，考虑了不确定性因素的鲁棒性项目调度问题作为 RCPSP 问题的延伸求解难度更大。Herroelen and Leus(2005a)证明了上述问题属于 NP-hard 难题，需要采用模拟仿真的方式求解，并且目标函数 $\sum_{i \in N} w_i |S_i - s_i|$ 依赖仿真算法的设计和仿真环境的设置，度量方式比较困难(Ludwig et al.，2001；Dodin，2006)。

3. 复合鲁棒性

以上的鲁棒性衡量指标都是单鲁棒性指标，有学者同时考虑了"解"鲁棒性和"质"鲁棒性，构建了复合鲁棒性衡量指标。Van de Vonder 等（2008）采用项目的按时完工率最大化和稳定性成本最小化两个目标函数构建复合鲁棒性衡量指标，具体计算见式（2-18）。

$$F\left[\Pr(S_{n+1} \leqslant \delta_{n+1}) \sum_i w_i E \mid S_i - s_i \mid\right] \tag{2-18}$$

式（2-18）同时包含了"解"鲁棒性和"质"鲁棒性。在复合鲁棒性目标函数中，如果无法获得两个衡量指标的相对重要程度以及反映项目管理者对两个衡量指标的偏好程度的线性组合，只能采用仿真的方式进行处理。

针对复合鲁棒性的研究，Al-Fawzan（2005）等建立双目标优化模型，即最小化项目工期和最大化自由时差之和。庞南生等（2012）构建了工期最短（"质"鲁棒性最大）和自由时差与工期的比值最大（"解"鲁棒性最大）的双鲁棒性优化模型，并设计模拟退火算法求解上述模型。崔南方等（2015）为使项目既能按时完工又能按计划执行以减少成本，提出了双目标鲁棒性调度模型，并结合模拟退火和禁忌搜索算法设计了二阶段智能算法进行求解。

2.5　工期不确定的鲁棒性项目调度研究

针对工期不确定的鲁棒性项目调度研究目前已取得大量研究成果（Herroelen，2004b），其中鲁棒性资源分配（Robust Resource Allocation）和时间缓冲管理（Time Buffer Management）是解决该问题的两种主要策略。

2.5.1　鲁棒性资源分配

针对活动工期的不确定性，鲁棒性资源分配是利用资源在各活动节点间的有效流动来优化资源流网络，进而增强调度计划的鲁棒性。Artigues 等（2003）采用简单并行调度生成机制构建可行的资源流网络，并探讨了资源分配对调度计划鲁棒性的影响。Leus（2003）和 Herroelen（2004c）提出保护调度计划不受活动工期变动干扰的稳定性成本最小化的资源流网络优化模型，并采用分支定界算法解决了这一NP-hard难题，但只针对单资源小规模问题。Policella（2005）提出两阶段算法，在满足资源和工序约束的前提下，通过"链接"的方式生成稳定的资源流网络。

Deblaere等（2007）设计了三种基于整数规划的启发式算法构建稳定的资源流网络，提升调度计划的鲁棒性。三种启发式算法的目标函数分别为：MinEA-最小化项目的额外资源弧个数；MaxPF-最大化项目活动之间成对出现的时差总和；MinED-最小化项目活动的实际开始时间与计划开始时间偏离的期望值。随着问题规模的增大，基于整数规划的启发式算法的计算量呈指数增长，算法效率大大降低。Deblaere等（2007）又提出了通过局部寻优的方式优化资源流网络的MABO（Myopic Actvity-based Optimization）算法。MABO算法被证明能有效地提升调度计划的鲁棒性，但该算法是通过模拟仿真的方式确定资源的分配方案，这使得算法的准确性不高，会造成多种资源分配方案的存在，并且随着项目规模的扩大，算法计算时间会急剧增加。表2.4对现有的资源流网络优化算法的优缺点进行了总结和归纳。

表2.4　　　　　　　　　　**现有资源流网络优化算法的优缺点**

算法	作者	优点	缺点
随机分配	Artigues 等（2003）	用时较少	没有考虑调度计划的鲁棒性
分支定界	Leus（2003）和 Herroelen（2004c）	可求最优解	只针对单资源小规模问题
整数规划	Deblaere 等（2007）	可求最优解	随研究问题增大，计算时间指数增长
MABO	Deblaere 等（2007）	能解决大规模 多资源问题	仿真带来多种资源分配方案

2.5.2 时间缓冲管理

时间缓冲管理是解决鲁棒性项目调度问题的另一重要策略，它强调在项目活动中或项目链中插入时间缓冲，以应对项目执行过程中发生的突发情况，它包括集中缓冲管理和分散缓冲管理两种模式。

1. 集中缓冲管理

Goldratt(1997)将约束理论(TOC)应用到项目管理中，提出了关键链项目管理(Critical Chain Scheduling/buffer Management，简称 CC/BM)。CC/BM 体现的是集中缓冲管理的思想，它用关键链代替传统的关键路径，在项目关键链的末端插入项目缓冲(Project Buffer)，从全局的角度保护项目按时完工，并且在关键链与非关键链交汇处插入接驳缓冲(Feeding Buffer)来吸收不确定性因素进而保护项目关键链(刘士新等，2003)。CC/BM 主要集中保障项目的完工性，因此该方法多用于解决"质"量鲁棒性相关问题。另外，由于关键链调度计划是按"接力赛"(Roadrunner)策略执行，即各活动都尽早开始，因此调度计划的"解"鲁棒性相对较差。

2. 分散缓冲管理

为保证调度计划的稳定性，许多学者提出了分散缓冲管理模式，即将时间缓冲插入到各个活动中(Leus，2003；Herroelen and Leus，2004b)，旨在吸收不确定性的同时并分散风险。分散缓冲管采用"时刻表"(Railway)执行策略，即项目所有活动不得早于计划开始时间执行，这提升了调度计划的"解"鲁棒性。针对时间缓冲的大小的设置和位置的插入，许多学者基于不同的项目特征和不确定因素提出了多种分散缓冲算法，具体归纳如下：

Leus(2003)和 Herroelen and Leus(2004c)提出了 ADFF(Adapted Float Factor Model)分散缓冲算法，该算法考虑了项目活动的自由时差和浮动因子，将活动的实际开始时间 $s_i(S)$ 定义为：$s_i(S) = s_i(B) + \alpha_i \times float(i)$，其中 $s_i(B)$ 是活动 i 的计划开始时间，$float(i)$ 是给定一个截止工期后活动 i 的最早开始时间和最晚开始时间差，即 $float(i) = s_i(LS) - s_i(ES)$。$\alpha_i = \beta_i/(\beta_i + \delta_i)$ 为浮动因子，其中 β_i 是活动 i 及其所有的直接和间接紧前活动的权重和，δ_i 为活动 i 及其所有的直接和间接后续活动的权重和。活动 i 的权重 w_i 定义为活动 i 偏离一单位计划开始时间产生的边际惩罚成本。Van de Vonder 等(2005)通过仿真实验证明了在活动工期具有较高不确定性的情况下，ADFF 算法仍能生成鲁棒性较强的调度计划。但该算法仅考虑了活动的权重和浮动因子，使得算法存在一定的局限性。

针对 ADFF 算法的缺陷，Van de Vonder 等（2006）提出了 RFDFF（Resource Flow Dependent Float Factor）算法，该算法在 ADFF 算法的基础上加入了资源流网络，避免了插入时间缓冲后引起的资源冲突，并且浮动因子 α_i 的计算也考虑了加入资源流网络后由于资源驱动而形成的新的直接和间接紧前活动和紧后活动。RFDFF 算法通过插入时间缓冲实现项目活动的实际开始时间和计划开始时间偏离加权和最小化。

Van de Vonder 等（2008）还提出了 VADE（Virtual Activity Duration Extension）分散缓冲算法，该算法考虑到活动工期的不确定性，将活动工期的概率分布作为缓冲大小设置的依据，并通过反复迭代来降低调度计划的稳定性成本。

Van de Vonder 等（2008）又提出了 STC（Starting Time Criticality）分散缓冲算法，该算法综合考虑了活动工期的不确定性、活动权重以及资源流网络。算法通过定义活动开始时间关键度指标 stc_j 来确定缓冲大小的设置和位置的插入，其中 $stc_j = P(S_j > s_j) \times w_j$，$S_j$，$s_j$ 和 w_j 分别表示活动 j 的实际开始时间、计划开始时间和权重，$P(S_j > s_j)$ 表示活动 j 延迟开工的概率。Van de Vonder 等（2006，2008）通过仿真实验将以上四种分散缓冲算法进行了对比分析。实验结果表明：STC 算法表现最好，构建的调度计划的"解"鲁棒性最强。

2.5.3 启发式算法

除以上两种策略外，国内外学者还采用基于优先准则的启发式算法和智能算法解决工期不确定的鲁棒性项目调度问题。Al-Fawzan 等（2005）构建了工期最短并且调度计划稳定性最强的双鲁棒优化模型，针对该模型设计禁忌搜索算法求解。Chtourou 等（2008）提出了两阶段算法解决鲁棒性项目调度问题。第一阶段采用基于优先准则的启发式算法获得最短工期；第二阶段在第一阶段的基础上，通过一些优先准则进一步增强调度计划的鲁棒性。Van de Vonder 等（2008）针对分散缓冲管理设计了禁忌搜索算法，通过改变时间缓冲的大小来优化调度计划的鲁棒性。寿涌毅等（2009）针对工期随机的资源受限项目调度问题构建了鲁棒性优化模型，并设计了遗传算法求解。算法设计了多种活动优先准则来保证种群的多样性，并且管理者可以依据其风险偏好通过调整模型权重系数来权衡解的可行性和最优性。

Bruni 等(2011)假设项目活动工期服从一种概率分布，并将研究问题划分成若干阶段，使用联合概率对问题进行约束，最后采用启发式算法进行求解。王冰等(2011)采用模糊数描述活动工期和交货期的不确定性，构建客户满意度和调度计划鲁棒性最大化的优化模型，并设计人工免疫算法进行求解。

何正文等(2013)针对工期随机的资源受限鲁棒性调度问题，构建了一个鲁棒性最大化的优化模型，针对该模型设计了三种启发式算法，分别为禁忌搜索算法、多重迭代算法和随机生成算法。最后通过仿真实验对以上三种算法的有效性和可行性进行了对比分析。Artigues 等（2013）针对工期不确定的鲁棒性优化问题，制定了理论研究框架，并设计了松弛算法和松弛启发式算法。研究结果表明：第一种松弛算法能获得问题的最优解，但算法搜索时间过长，第二种启发式算法能在获得高质量解的同时提升算法的时间效率。

2.6　文献评述

本章针对项目净现值问题和鲁棒性项目调度问题的研究进行了文献综述，对文献的具体评述如下：

(1)确定性环境下项目净现值问题的研究大多集中在模型的构建和算法的改进上，但针对该问题的研究还存在有很多需要完善的地方。由于项目支付问题的复杂性，许多现实的支付因素并未纳入模型的构建，例如业主对承包商支付进度的影响，项目支付采用汇票形式造成支付拖期对净现值的影响以及项目融资对净现值的影响。因此构建更符合实际情况的优化模型有待进行深入地研究。

(2)不确定性环境下项目净现值问题的研究还停留在初级理论阶段。针对该问题的研究大多将不确定性变量采用某一种概率分布函数来描述，然后设计多阶段决策过程或者采用模拟仿真实验进行求解。以上研究方法的缺陷是不能给项目管理者提供可行的基准调度计划作为决策的依据。模糊理论也是解决该问题的一种方法，它通过对以往的项目进行分析，并结合自身的实际经验对不确定性变量进行估计，但该方法会带有主观臆断性。

(3)针对鲁棒性项目调度问题迄今为止虽然取得了很多研究成果，但仍有广阔的研究空间，具体归纳如下：首先在优化模型的构建上，现有的鲁棒性项目调度只关注活动工期的不确定性和资源的不确定性。然而在实际项目中，存在很多其他方面的不确定性，例如项目范围的更改以及活动工序约束的不确定性，这都需要进一步的探索和研究。其次现有的鲁棒性项目调度研究关注的重点是时间类目标函数，很少涉及其他类型的目标函数，如财务类目标函数-项目净现值。

(4)在鲁棒性项目调度中，针对采用鲁棒性资源分配策略和时间缓冲管理策略构建抗干扰能力较强的调度计划的研究虽然相对比较成熟，但两种策略都是独立展开的。鲁棒性资源分配的研究主要集中在资源流网络优化模型的构建和算法的改进上，而时间缓冲管理中的资源流网络都是随机生成的，并未考虑资源的鲁棒性分配。但是以上两种策略并不是孤立存在的，资源分配是时间缓冲插入的前提，不同的资源流网络不仅直接影响到缓冲大小的设置和缓冲位置的插入，还会影响到缓冲保护的效果，进而影响到调度计划的鲁棒性。因此将鲁棒性资源分配和时间缓冲管理进行集成优化，为缓冲插入构建合理稳定的资源流网络是未来值得研究的一个方向。

(5)项目净现值问题和鲁棒性项目调度问题都是国内外学者研究和关注的热点。考虑到鲁棒性项目调度解决不确定性环境下的项目调度问题的有效性和不确定性环境下项目净现值问题研究的不足，将鲁棒性引入项目净现值问题的研究能进一步推进鲁棒性项目调度的应用研究和不确定性环境下的项目净现值问题的理论研究。然而针对如何在不确定性环境下采用鲁棒性项目调度解决项目净现值问题，还未看到相关的研究成果。

3 Max-NPV 项目调度问题研究

3.1 问题描述

　　针对传统 RCPSP 的研究，通常是在确定性环境下生成理想状态的最优调度计划，且往往以工期最短、成本最小作为优化目标函数，而一直忽略了财务类目标函数。考虑财务类目标函数的 RCPSP 研究是在满足工序约束和资源约束的前提下，合理安排活动的开始时间实现项目净现值最大化，即 Max-NPV 问题。随着融资成本和利率的上升，净现值也越来越引起人们的关注。Liberatore 等 (2001)在拥有 4.3 万成员的项目管理机构中展开随机问卷调查。结果表明：管理者更希望项目管理软件具有净现值最大化的优化功能而不是工期最短的优化功能。迄今为止针对 Max-NPV 问题虽然取得了很多研究成果，但大多数研究都集中在模型构建和算法改进上(Vanhoucke et al., 2003；He et al., 2008, 2012)，并且和传统 RCPSP 研究成果相比(时间类目标函数和费用类目标函数)，Max-NPV 问题研究还有很大的提升和改进空间。

　　本书研究重点是采用鲁棒性项目调度解决活动工期不确定的项目净现值问题。但是鲁棒性项目调度的前提是在确定性环境下生成一个可行的初始调度计划(Demeulemeester and Herroelen, 2014)。鉴于 Max-NPV 问题研究的不足和本书后续研究的需要，本章首先在确定性环境下构建一个 Max-NPV 模型，并设计模拟退火算法进行求解。最后通过模拟仿真实验验证了理想状态下构建的净现值最大化的初始调度计划在工期不确定性环境下的实际执行情况。

3.2 确定性环境下 Max-NPV 模型

模型采用基于活动的研究方法，项目由节点式网络 $G = (N, A)$ 表述，其中 N 表示项目活动的节点集合（$N = 0, 1, \cdots, n + 1$），A 是由活动间的工序关系形成的箭线集合。在项目网络 $G = N, A$ 中，如果活动 i 为活动 j 由于工序关系而形成的直接紧前活动，那么活动 j 的直接紧前活动集合定义为 $pred_j$。如果活动 i 为活动 j 的直接紧前活动，活动 h 为活动 i 的直接紧前活动，那么活动 h 为活动 j 的间接紧前活动，活动 j 的间接紧前活动集合定义为 $pred_j^T$。同理如果活动 j 为活动 i 由于工序约束而形成的直接紧后活动，活动 i 的直接紧后活动集合定义为 $succ_i$。如果活动 j 为活动 i 的直接紧后活动，活动 h 为活动 j 的直接紧后活动，那么活动 h 为活动 i 的间接紧后活动，活动 i 的间接紧后活动集合定义为 $succ_i^T$。

项目活动从 0 到 $n + 1$ 拓扑编号，其中活动 0 和活动 $n + 1$ 是虚拟活动，分别代表项目的开始和完工，虚拟活动既不消耗时间也不消耗资源。项目有 n 个实际活动，每个活动的计划开始时间为 s_j^B，计划工期为 d_j^B。项目有 k 种可更新资源，所谓可更新资源是指在每个时间段资源的供应量是有限的，但资源并不随着项目的进展而消耗。R_k 代表资源的供给量，r_j^k 表示活动 j 对第 k 种可更新资源的需求量。

活动的现金流包括现金的流入（正）和现金的流出（负）。站在承包商的角度，现金的流入 cf_j^+ 代表着业主的支付，现金的流出 cf_j^- 代表承包商使用人力、设备以及原材料所造成的费用。考虑到资金的时间价值，设定 α 为折现率，$\beta = (1 + \alpha)^{-T}$ 为折现因子，代表一单位现金流按折现率 α 在 T 时刻进行折现后得到的净现值。

针对第二章给出的几种现金流支付模式，业主依据活动的完工情况给予承包商相应支付的 PME 模式比较符合现实情况。虽然与活动相关的现金流可以发生在活动执行的任意时刻，但最常见的两种方式是现金流发生在活动的开始时刻或者活动的结束时刻。本书假设现金流的收支与活动相关，cf_j 表示活动 j 在持续执行时间 d_j^B 内所产生的现金流净值，其中 $cf_j = cf_j^+ + cf_j^-$。活动 j 的净限值是将 cf_j 在活动 j 的结束时刻以复利的形式按折现率 α 进行折现得出的现值。为保证项目具有一定的收益，模型假定项目的边际收益率不低于 $\gamma (\gamma \geq 0)$。以净现值为目标函数的项目调度问题需要设定一个截止工期 δ_{n+1}，否则为了实现净现值最大化，带有负现金流的活动将会被无期限地延迟。

本书站在承包商的角度，通过制定合理的调度计划保证承包商在尽早得到业主支付地同时又尽可能晚地推迟费用的支付，实现项目净现值最大化，模型构建具体如下：

$$\text{maxmize} \sum_{j \in N} cf_j e^{-\alpha(s_j^B + d_j^B)} \tag{3-1}$$

$$\text{s. t.} \quad s_i^B + d_i^B \leq s_j^B \quad \forall j \in N, \ \forall i \in pred_j \tag{3-2}$$

$$\sum_{j \in s(t)} r_j^k \leq R_k \quad \forall k \in K, \ t = 1, \ 2, \ \cdots, \ \delta_{n+1} \tag{3-3}$$

$$s(t) = \{ j \leq I \land s_j^B \leq t \leq s_j^B + d_j^B \} \tag{3-4}$$

$$\sum_{j \in N} cf_j^+ + (1 + \gamma) \sum_{j \in N} cf_j^- \geq 0 \quad \forall j \in N / \{0, \ n+1\} \tag{3-5}$$

$$S_{n+1}^B \leq \delta_+ \tag{3-6}$$

上述优化模型中式(3-1)是项目净现值最大化的目标函数；式(3-2)保证各个活动满足无时间间隔的工序约束，其中 $prec_j$ 是活动 j 的紧前活动集合；式(3-3)为可更新资源约束；式(3-4)中 $s(t)$ 表示在 t 时间段处于执行状态的活动集合；式(3-5)确保项目的边际收益率不低于 $\gamma(\gamma \geq 0)$；式(3-6)是预先给定的关于项目截止工期的硬性约束。

3.3 模拟退火算法的实现

考虑到上述模型属于 NP-hard 难题，采用精确算法求解难度较大，因此本书采用智能算法求解上述模型的近似最优解。模拟退火（Simulated Annealing，简称 SA）作为一种比较好的局部搜索算法，它以一定的概率接受劣解，有效避免了算法陷入局部最优。以往的研究也证明了该算法在解决项目调度问题中的有效性（He et al., 2008, 2012），因此本书设计了 SA 算法求解上述 Max-NPV 模型。

3.3.1 解的表现形式

针对 RCPSP 的研究，常见的解的表现形式是活动开始时间列表，即 $S^B = \{s_1^B, \ s_2^B, \ \cdots, \ s_{n+1}^B\}$。但这种解的表现形式存在一定的缺陷，即当活动开始时间发生变化时，算法需要对活动的工序约束和资源约束进行重新判断，这会带来很大的计算量。因此本书采用"活动列表"（Activity List）作为算法解的表现形式（Al-Fawzan and Haouari，2005；Lambrechts et al.，2008）。所谓"活动列表"是对各个活动的开始时间进行非降序排列（当活动开始时间相同时，按活动序号小者优先排序），书中采用 $L_{posi} = \{A_0，A_1，\cdots，A_{n+1}\}$ 代表活动列表。由于在 L_{posi} 上任何活动都不可能出现在该活动的所有紧前活动之前和该活动的任意紧后活动之后，因此活动列表中的所有活动间不存在工序冲突。活动列表通过解码的过程转换成活动开始时间列表，在该过程中本书采用串行调度生成机制（Serial Schedule Generation Scheme，简称 SSGS）通过安排活动的开始时间和资源的分配生成一个可行的调度计划（Kelley，1963）。活动列表解码的具体过程如下：

Step1：活动列表中 L_0 位置对应活动的开始时间 $s_{L_0}^B = s_0^B = 0$。

Step2：针对所有非虚拟活动 $(posi = 1，2，\cdots，n)$，$s_{L_{posi}}^B = \max \sum_{j \in P_{(L_{posi})}} (s_j^B + d_j^B)$。如果 $\exists k$，t：$\sum_{j \in s(t)} r_j^k > R_k$，其中 $s_{L_{posi}}^B \le t < s_{L_{posi}}^B + d_{L_{posi}}^B$，那么 $s_{L_{posi}}^B = s_{L_{posi}}^B + 1$，$s_{L_{posi}}^B = s_{L_{posi}}^B + d_{L_{posi}}^B$。

Step3：如果 $\exists k$，t：$\sum_{j \in s(t)} r_j^k > R_k$，其中 $s_{L_{posi}}^B \le t < s_{L_{posi}}^B + d_{L_{posi}}^B$，那么 $s_{L_{posi}}^B = s_{L_{posi}}^B + 1$。

Step4：活动列表中 L_{n+1} 位置对应活动的开始时间 $L_{n+1} = s_{n+1}^B = \max(s_{n+1}^B，\delta_{n+1})$。

当前解对应的活动列表转换为活动开始时间列表的过程采用图 3.1 中具体例子说明。

图 3.1　当前解不同表现形式的转换

3.3.2　邻域解的生成

邻域解的生产是 SA 算法的一个难点，本书在活动列表的基础上，提出了活动位置替换策略（Activity Position Swap Strategy，简称 APSS），APSS 在保证无工序约束冲突的前提下通过随机改变活动的位置来产生新的邻域解，具体步骤如下：

Step1：在 $[1, n]$ 之间随机生成一个整数 a，对应当前活动列表 L_{posi}^{curr} 中的活动 A_a。

Step2：在 L_{posi}^{curr} 中找到活动 A_a 最近的紧前活动 A_b 和最近的紧后活动 A_c。

Step3：在 $[b+1, c-1]$ 之间再生成一个随机整数 d，对应活动 A_d。将 A_a 对应的活动移动到活动列表 A_d 的位置上。如果 $d < a$，$[A_d, A_{a-1}]$ 之间对应的活动都向后移动一个位置，如果 $d > a$，$[A_a, A_{d+1}]$ 之间对应的活动都向前移动一个位置，更新当前活动列表：$L_{posi}^{curr} = L_{posi}^{neig}$。

Step4：采用串行调度生成机制确定各个活动的开始时间并分配资源，将活动列表 L_{posi}^{neig} 转换成活动的开始时间列表 S^{neig}。

活动位置替换策略的具体过程见图 3.2，其中活动 3 被随机选取进行位置替换。

3.3.3　控制参数

初始温度：本书通过具体的实验设置初始温度 $T^{init} = 100$，其中 $T^{init} = \Delta NPV^{init}/\ln(\chi^{init})$，$\Delta NPV^{init}$ 是将初始解随机移动 50 次后目标函数值 NPV 的变化幅度，χ^{init} 是可接受的初始解的有效移动和所有初始解移动的比率。

冷却机制：为使得算法更具有选择性，根据降温公式逐步降低当前温度，其中 $T^{curr} := \mu t^{curr}$，冷却速率 μ 在本书中设置为 0.9。

马尔可夫链：马尔可夫链的长度 L 决定了在当前温度下目标函数值 NPV 的计算次数，其中 $L = 10N$，N 是项目的活动个数。

终止准则：当温度达到设定的终止温度阀值 T^{stop} 时，即 $T^{curr} \leqslant T^{stop}$，搜索过程结束，其中终止温度阀值设置为 0.01。

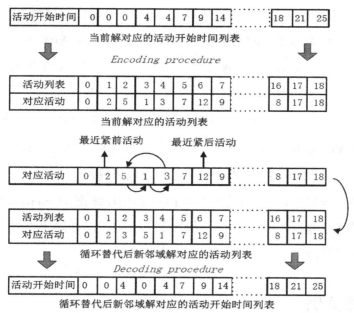

图 3.2　邻域解的生成示例图

3.3.4　算法步骤

SA 算法首先对项目进行初始化,然后采用 APSS 机制产生新的邻域解,并计算当前解与新邻域解的目标函数差。如果 $\Delta\text{NPV} = \text{NPV}^{neig} - \text{NPV}^{curr} > 0$,则接受该新邻域解,否则按 Metropolis 准则,以概率 $R_{rand} < \mathrm{e}^{-\Delta\text{NPV}/T^{curr}}$ 接受新邻域解作为当前解,并更新当前状态,开始下一轮迭代。当达到迭代次数后,内循环终。随后按一定的冷却速率降低温度,重置迭代次数,当温度低于终止温度的阀值时,外循环终止,输出搜索结果。算法的具体步骤如下:

Step1:采用并行调度生成机制构建初始调度计划 S^{init},将 S^{init} 转换成活动列表形式 L_{posi}^{init}。计算初始调度计划对应的目标函数值 NPV^{init}。输入初始温度 T^{init},终止温度 T^{stop},冷却速率 $\mu(0 < \mu < 1)$ 以及在每一温度下迭代次数 N^{num}。

Step2:设置 $L_{posi}^{curr} := L_{posi}^{init}$, $L_{posi}^{best} := L_{posi}^{init}$, $S^{curr} := S^{init}$, $S^{best} := S^{init}$, $\text{NPV}^{curr} := \text{NPV}^{init}$, $\text{NPV}^{best} := \text{NPV}^{init}$, $T^{curr} := T^{init}$,其中 L_{posi}^{curr} 和 L_{posi}^{best} 代表项目的当前解和最优解, S^{curr} 和 S^{best} 代表项目的当前调度计划和最优调度计划, NPV^{curr} 和 NPV^{best} 则代表当前解和最优解对应的目标函数值。

Step3：在当前温度 T^{curr} 下由当前解 L_{posi}^{curr} 随机生成新的邻域解 L_{posi}^{neig}，如果该邻域解可行，将 L_{posi}^{neig} 转换成调度计划 S^{neig} 并计算目标函数值 NPV^{neig}。

Step4：若 $\Delta NPV = NPV^{neig} - NPV^{curr} > 0$，则接受该邻域解作为当前解，$L_{posi}^{curr} := L_{posi}^{neig}$，$S^{curr} := S^{neig}$，$NPV^{curr} := NPV^{neig}$，然后转 Step6，否则转 Step5。

Step5：生成一个在 $(0,1)$ 之间服从均匀分布的随机数 R_{rand}，如果 $R_{rand} < e^{-\Delta NPV/T^{curr}}$，按 Metropolis 准则接受该邻域解作为当前解，并更新调度计划，$L_{posi}^{curr} := L_{posi}^{neig}$，$S^{curr} := S^{neig}$，$NPV^{curr} := NPV^{neig}$，反之拒绝该邻域解。

Step6：$N^{num} = N^{num} + 1$。如果 $N^{num} \geq 10N$，内循环终止，转 Step7；否则转 Step3。

Step7：将当前温度按冷却速率 μ 下降：$T^{curr} := \mu T^{curr}$。如果 $T^{curr} \leq T^{stop}$，算法终止，输出搜索结果：L_{posi}^{best}，S^{best} 和 NPV^{best}；否则转 Step3。

3.4　具体算例

本书引入一个具体的项目算例，该项目包含 11 个活动（活动 0 和活动 10 为虚拟活动），一种可更新资源，资源的可用量为 10，项目网络图见图 3.3。该项目各个活动的计划工期、资源需求量以及正负现金流的具体信息见表 3.1，虚拟活动 0 和虚拟活动 10 的正负现金流都为 0，项目满足边际收益率不低于 10%。

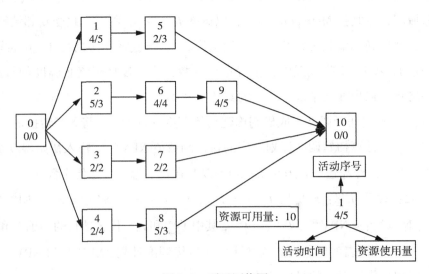

图 3.3　项目网络图

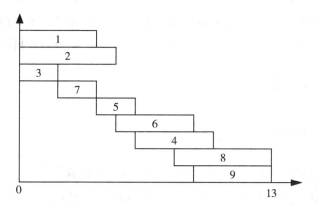

图 3.4　项目最优调度计划 S_0^B

表 3.1　　　　　　　　　　　　　　　项目活动具体信息

活动	0	1	2	3	4	5	6	7	8	9	10
d_j	0	4	5	2	2	2	4	2	5	4	0
r_{j1}	0	5	3	2	4	3	4	2	3	5	0
cf_j^+	0	50	55	17	26	48	29	45	53	62	0
cf_j^-	0	−30	−39	−9	−20	−36	−15	−27	−56	−58	0
cf_j	0	20	16	8	6	12	14	18	−3	4	0

依据上文设计的 SA 算法求解该算例对应的 Max-NPV 模型的近似最优解。在确定性环境下生成的最优调度计划见图 3.4，其中 $S_0^B=\{0,0,0,0,6,4,5,2,8,9,13\}$，理想状态下该项目净现值的近似最优解为 90.0843。

3.5　活动工期干扰下的项目仿真实验

以上构建的项目调度计划 S_0^B 为非鲁棒性调度计划，由于活动工期的不确定性，项目在实际执行过程中不一定按计划 S_0^B 中的活动开始时间执行，可能会发生延迟，干扰活动现金流的支付，从而影响项目的净现值收益，也就是项目净现值达不到 90.0843。何正文(2008)也通过一个案例研究表明，受不确定性因素的影响，与理想的优化支付进度相比，承包商和业主的实际收益都下降，承包商实际收益下降幅度更为明显。为了验证项目的实际执行情况，下文设计了蒙特卡洛模拟仿真实验，通过对项目的活动工期进行随机干扰来模拟项目的执行。

3.5.1　仿真实验设计

1. 活动的时间概率分布

考虑到项目参与人员存在"学生症候状"和"帕金森定律"，即使活动提前完工，参与人员也不会提前报告，这会导致活动拖期。因此为了表述项目活动工期的实际情况，本书假设活动实际工期 X 服从对数正态分布，$X = \exp(Y)$，其中 Y 是标准正态分布。Y 的均值和标准差分别为 μ 和 σ，那么 X 的均值 $\mu_x = \exp(\mu + \sigma^2/2)$，方差 $\sigma_x = \exp(2\mu + \sigma^2)(\exp(\sigma^2) - 1) = (\mu_x)^2 \times (\exp(\sigma^2) - 1)$。设定 X 的均值等于活动的计划工期 d_j^B，即 $d_j^B = \exp(\mu + \sigma^2/2)$，那么 $\mu = \ln(d_j^B) - \sigma^2/2$。由于 σ 的选择决定了活动实际工期 X 的方差 σ_x，其中 $\sigma_x = (d_j^B)^2 \times (\exp(\sigma^2) - 1)$，因此以通过改变正态分布 Y 的标准差 σ 的大小来随机生成活动的实际工期 d_j^R。针对工期的不确定性，Herrolen 和 Leus（2001），Tukel 等（2006）以及胡雪君等（2016）等学者也都采用了这种对数正态函数描述工期的实际分布情况。

由于 σ 的选择决定了活动实际工期 X 的方差 σ_x，假定 σ 的取值区间为 [0.1，0.9]，表 3.2 给出了在给定活动工期均值 d_j^B 和 σ 的前提下随机生成的项目实际工期 d_j^R 对应的标准差。从表 3.2 中可以看出，随着工期不确定性程度（σ）的增加，d_j^R 的标准差也在不断增加，尤其是在不确定性程度较大的情况下，活动的实际工期 d_j^R 和活动计划工期 d_j^B 的偏差程度非常大，这说明活动发生了严重的拖期。

表 3.2　　　　　　　　不同 σ 下随机实际工期 d_j^R 的标准差

工期均值	工期不确定性程度 σ								
d_j^B	0.1	0.2	0.3	0.4	0.5	0.6	0.7	0.8	0.9
5	0.500	1.016	1.451	2.166	2.637	3.220	4.167	5.270	5.752
10	1.001	2.057	3.118	4.109	5.457	6.801	7.630	8.616	13.288

工期均值	工期不确定性程度 σ								
d_j^B	0.1	0.2	0.3	0.4	0.5	0.6	0.7	0.8	0.9
15	1.501	3.017	4.542	6.197	7.567	10.150	12.091	14.584	18.436
20	1.904	3.988	6.188	8.264	10.616	13.143	14.740	16.904	22.313
25	2.543	5.024	7.574	9.760	13.434	17.935	20.508	20.776	28.033
30	2.951	6.209	8.960	12.902	15.484	19.468	27.904	26.685	29.507
35	3.553	6.855	10.505	14.846	18.018	23.407	25.066	36.531	39.121
40	3.924	7.991	12.811	16.458	23.297	26.285	34.886	35.694	43.396
45	4.558	8.822	13.401	20.159	23.069	28.714	36.049	43.242	43.411
50	4.981	9.284	14.723	21.058	26.084	33.417	36.532	48.121	57.924

本书为了验证工期的不确定性对调度计划以及项目净现值产生的影响，在仿真实验中设定高、中、低三种工期的不确定性程度，对应的 σ 分别为 0.3、0.6 和 0.9。项目模拟执行 1000 次，每次模拟执行时都按上述的实际工期的分布函数随机分配工期。图 3.5 中给出了计划工期 d_j^B 为 5 时，在高、中、低三种工期不确定性程度下，实际工期 d_j^R 的概率函数分布图。从图中可以看出 d_j^R 服从右偏态分布，不确定性程度越大，函数右偏程度越明显，活动延期的概率也越大，这符合活动工期的实际情况。

2. 项目执行策略和生成机制

项目执行策略采用"时刻表"（Railway）法：即所有活动开始执行时间不得早于原计划的开始时间（Van de Vander et al., 2008）。该方法能有效地保证项目按原计划进行，确保调度计划的稳健，在"时刻表"策略中活动的实际开始时间的计算公式如下：

$$s_j^R(m) = \max\left\{s_j^R, \ \max_{i \in Rpred_j}\{s_i^R(m) + d_i^R(m)\}\right\} \tag{3-7}$$

其中 $s_j^R(m)$ 是第 m 次模拟时活动 j 的实际开始时间。本书采用两种优先准则决定活动执行的先后顺序，优先准则 Ⅰ：活动计划开始时间（s_j^B）越接近当前时刻的活动具有优先执行权；优先准则 Ⅱ：现金流越大的活动（cf_j）具有优先执行权。

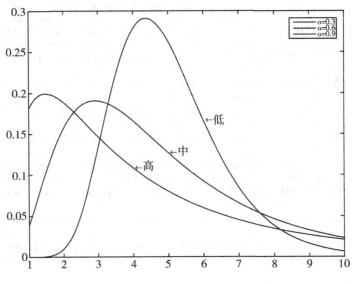

图 3.5　不同 σ 下实际工期的概率函数分布图

项目执行总体采用并行调度生成机制（Parallel schedule generation schedule，简称 PSGS），它从前到后在每个时刻点做出各个活动是否执行的决策（寿勇毅，2010）。PSGS 以时间为阶段变量，最多包含 N 个阶段，在每个阶段 g，确定第 m 次模拟时的当前时刻 t_g^m，并将调度计划划分为三个活动集合：C_g^m 是在 t_g^m 时刻于完成状态的活动集合；A_g^m 是在 t_g^m 时刻于执行状态的活动集合；D_g^m 是在 t_g^m 时刻可以开始执行的活动集合。上述集合中每个活动的实际开始时间必须满足式（3-7），在当前时刻 t_g^m，即使活动 j 的所有紧前活动都已完工，但 $t_g^m < s_j^B$，活动 j 也不能开工，直到 $t_g^m = s_j^B$。在仿真实验中，将每个项目按 PGSS 机制执行 1000 次，PSGS 机制的具体步骤如下：

初始化：$m=1$；$s_0^R=0$；$A_0=\{0\}$；$C_1=\Phi$；$g=1$。

Step1：根据正态分布函数随机生成一组项目实际工期 $d_j^R(m)$。

Step2：在当前时刻 t_g^m，将 A_g^m 中所有完工时间等于 t_g^m 的活动排除在活动集合 A_g^m 外，并加入到已完成活动的集合 C_g^m，然后更新候选集合 D_g^m。

$$t_g^m = \min\{s_j^m(m) + d_j^R(m)\}，j \in A_{g-1}^m$$

$$A_g^m = A_{g-1}^m / \{j \mid j \in A_{g-1}^m \wedge s_j^m(m) + d_j^R(m) = t_g^m\}$$

$$C_g^m = C_{g-1}^m \cup \{j \mid j \in A_{g-1}^m \wedge s_j^m(m) + d_j^R(m) = t_g^m\}$$

$$D_g^m = \{j \mid j \notin \{C_{g-1}^m \cup A_g^m\}\} \wedge P_g^m \subseteq C_g^m \wedge \left\{ \sum_{(i,j) \in A \cup A_R} r_{jk} \leq R_k(t_g^m) \right\}$$

Step3:分别采用优先准则 I($\min|t_g^m - s_j^B|$)和优选准则 II($\max cf_j$),从 D_g^m 中选取活动 j^*,安排该活动在当前时刻执行,$s_{j^*}^R(m) = t_g^m$。然后将活动 j^* 移入到 A_g^m 集合中,$A_g^m = t_g^m \cup \{j^*\}$,重复执行该步骤,直到 $D_g^m \neq \Phi$。在该过程中,每选取一个活动 j^*,都需要更新资源 k 在 t_g^m 时刻的资源供应剩余量 $R_k(t_g)$。

$$R_k(t_g) = \begin{cases} R_k^{g-1}(t_g) - \sum_{(i,j) \in A \cup A_R} r_{j^*}^k, & if\ t_g^m \leq t < t_g^m + d_{j^*}^R(m) \\ R_k^{g-1}(t_g) & else \end{cases}$$

Step4:进入下个阶段,$g = g+1$,直到 $j \in C_j^m \cup A_j^m$,完成一次项目执行。

Step5:$m = m+1$,重复以上步骤,直到项目模拟执行 1000 次,算法结束,输出项目相关绩效衡量指标对应的结果。

项目的仿真环境的参数设计具体见表 3.3。

表 3.3 仿真环境参数设计

控制参数	参数值或概率分布
活动实际工期(d_j^R)	对数正态分布
活动工期不确定性程度(σ)	0.3、0.6、0.9
项目截止工期(δ_{n+1})	15
折现率(α)	0.01
项目边际收益率(γ)	10%
模拟执行次数(M)	1000
项目调度机制	并行调度(PSGS)
项目执行策略	时刻表(Railway)
项目执行优先准则	活动的计划开始时间($\min|t_g^m - s_j^B|$)
	活动的现金流($\max cf_j$)

3. 项目绩效衡量指标

仿真实验采用项目平均实际净现值(Real Present Value,简称 NPV^{real})、项目平均完工期（Project Completion Time，简称 PCT）、项目按时完工率（Timely Project Completion Probability，简称 TPCP）以及平均总偏离时间（Total Deviation Time，简称 TDT）来衡量项目调度计划的绩效水平，以上指标的具体计算见式（3-8）到式（3-10）。

$$NPV^{real} = \sum_{m=1}^{M} \sum_{j=1}^{n} cf_j e^{-\alpha(s_j^R(m) + d_j^R(m))} \tag{3-8}$$

$$PCP = \sum_{m=1}^{M} s_{n+1}^R(m)/M \tag{3-9}$$

$$TPCP = \sum_{m=1}^{M} Num(m)/M, \ Num(m) = \begin{Bmatrix} 1, \ f_{n+1}^R(m) \leqslant \delta_{n+1} \\ 0, \ else \end{Bmatrix} \tag{3-10}$$

其中 $s_{n+1}^R(m)$ 是虚拟终点活动 $n+1$ 第 m 次模拟执行时的实际开始时间，即项目的实际完工时间，δ_{n+1} 是项目的截止工期。

$$TDT = \sum_{m=1}^{M} \sum_{j=1}^{n} |s_j^R(m) - s_j^B|/M \tag{3-11}$$

其中 s_j^B 和 $s_j^R(m)$ 分别表示活动 j 的计划开始时间和第 m 次模拟时活动 j 的实际开始时间。

如果项目活动的实际开始时间和计划开始时间的总偏离越大，说明项目执行时相对于基准调度计划变动越大，该调度计划应对风险的能力较弱，并且由此而产生的偏离成本（包括因计划变更产生的各种管理成本和协调成本、库存成本以及项目延期的惩罚成本等）也越高（崔南方等，2015）。

3.5.2 仿真结果分析

根据项目仿真环境的设置，将上文的具体算例在高、中、低三种工期不确定性程度下模拟执行 1000 次，统计项目调度计划的绩效衡量指标 NPV^{real}，PCT，TPCP 和 TDT 的平均值，具体结果如表 3.4 所示。

从表 3.4 中可以看出：

（1）随着 σ 的增大，无论采用哪种优先准则，项目的实际净现值 NPV^{real}、平均完工时间 PCT、按时完工率 TPCP，平均总偏离时间 TDT 都变差。这说明工期的不确定性对项目净现值和项目完工性都有不利的影响，不确定性越大，项目整体绩效越差。

表 3.4   项目绩效衡量指标统计结果

优先准则	衡量指标	不确定性程度		
		$\sigma = 0.3$	$\sigma = 0.6$	$\sigma = 0.9$
准则 I s_j^B	NPV^{real}	85.753	79.364	74.654
	PCT	15.879	18.075	22.233
	$TPCP$	58.974	49.829	43.710
	TDT	4.768	7.251	9.535
准则 II cf_j	NPV^{real}	86.532	81.064	77.543
	PCT	16.939	19.064	23.478
	$TPCP$	55.832	44.265	40.227
	TDT	5.063	7.984	10.645

(2)在不同的 σ 下,项目的实际净现值 NPV^{real} 都低于在理想环境下采用 SA 算法构建的非鲁棒性调度计划对应的近似最优解(90.0843)。

(3)不同的 σ 下,从平均完工时间 PCT、按时完工率 $TPCP$ 以及平均总偏离时间 TDT 的结果看,项目在实际执行过程中并没有严格按照基准调度计划执行。项目的执行确实与基准调度计划发生了偏离,导致项目不能按时完工。

(4)采用优先准则 I 下的项目的平均完工时间 PCT、按时完工率 $TPCP$ 以及平均总偏离时间 TDT 的结果优于准则 II 下的结果,这是由于该优先准则能更好地保护项目按计划开工,尽可能减少执行偏差;采用优先准则 II 下的项目实际净现值 NPV^{real} 优于采用优先准则 I 的结果,这是由于在该优先准则下,现金流较大的活动具有优先执行的权利,这在一定程度上可以增加项目净现值收益。以上两个优先准则为项目决策者在项目执行中对项目的完工性和净现值收益之间的权衡提供了理论支持。

3.6 本章小结

本章主要研究了在可更新资源可用量和活动工期都确定的情况下如何构建理想状态下的净现值最大化的基准调度计划,作为后续不确定性环境下项目净现值研究的基础和敲门砖。书中首先建立了满足工序约束、资源约束、截止工期约束以及收益率约束的 Max-NPV 模型。然后针对该模型设计了模拟退火算法进行求解。最后通过仿真实验验证理想状态下构建的调度计划的实际执行情况。结果表明，受工期不确定性的影响，项目实际执行与基准调度计划发生了偏离，这导致项目净现值受损，并且工期不确定性程度越大，实际净现值下降幅度越明显。随着工期不确定性程度的增加，项目执行的偏离程度越来越大，按时完工性越来越差。因此为应对工期的不确定性，构建一个稳健的基准调度计划来保证现金流尽可能按原计划支付至关重要。本章研究结论也为后续不确定性环境下项目净现值问题研究提供了理论支撑和数据依据。第四章针对活动工期的不确定性，将采用鲁棒性资源分配策略通过优化资源流网络提升调度计划应对风险的能力，减少项目净现值的风险损失。

4 基于资源流网络优化的项目
调度问题净现值研究

4.1 问题描述

上一章是在确定性环境下构建了净现值最大化的项目调度计划，但该计划并没有考虑项目实际执行过程中活动工期的不确定性。由于主客观因素的存在，特别是"学生症候状"和"帕金森定律"的影响，活动经常会发生拖期。活动拖期不但影响到活动自身的净现值收益，还具有风险传递性。它不仅可以通过项目网络传递给与该活动具有直接工序约束的后续活动，还可以通过资源流网络传递给由于资源驱动而形成的新工序约束对应的后续活动。这种"多米诺骨牌"效应最终导致调度计划发生偏离，给项目净现值造成严重损失。张尧等的研究表明项目风险的发生会对项目造成不利的影响，项目管理者不仅要考虑风险之间的关联性还要重视风险之间的传递性。何正文和徐渝也通过一个案例研究表明，受不确定性因素的影响，与理想状态下构建的支付进度计划相比，承包商和业主的实际收益都受损。因此，为应对活动工期的拖期，构建一个稳健的鲁棒调度计划保护项目按期支付是项目管理者迫切需要解决的一个问题。为有效地降低活动拖期风险对项目净现值产生的不利影响，本章采用鲁棒性资源分配策略，通过资源的有效配置构建合理稳定的资源流网络，来提升调度计划应对风险的能力。

本章首先采用动态规划方法构建了净现值期望惩罚成本指标衡量活动拖期给净现值带来的风险损失。在该指标的基础上构建了以净现值期望惩罚成本最小化为目标的资源流网络优化模型。针对该模型设计 MEPC(Minimize Expected Penalty Cost)资源流网络优化算法，通过采用净现值期望惩罚成本最小的资源分配方案实现资源在各活动节点间的有效流动，增强调度计划的鲁棒性。然后针对一个具体项目算例采用 MEPC 算法、D-MABO（Developed Myopic Actvity-based Optimization）算法和 D-RRAS（Developed Random Resource Allocation Scheme）算法（Deblaere et al., 2007；Artigues et al., 2003）详细说明了资源分配的具体过程。最后通过大规模仿真对比实验，从项目净现值实际收益、调度计划鲁棒性、资源分配方案稳定性以及算法时间效率四个方面验证了 MEPC 算法的有效性和可行性。

4.2 资源流相关概念

4.2.1 资源流

资源流的概念最早由 Artigues 等（2003）提出，它用来描述资源在活动间的流动情况。假设活动 j 需要第 k 种资源，当活动 i 完工后，其占用的第 k 种资源部分或全部分配给了活动 j，那么活动 i 和活动 j 之间就存在一条资源流，$f(i, j, k)$ 为弧的权重值，表示刚完成的活动 i 流向活动 j 的第 k 种资源的数量。

4.2.2 资源流网络

定义 $G'=(N, A_R)$ 为资源流网络，其中 N 的含义与项目网络 $G(N, A)$ 相同，表示项目网络图 G 中活动的节点集合，A 表示活动间由于工序关系形成的箭线集合，而 A_R 代表由于活动 i 和活动 j 的资源驱动形成的箭线集合。在资源流网络 G' 中，如果 $f(i, j, k)>0$，说明存在一条有向弧 (i, j)，其中 $(i, j) \in A_R$。

4.2.3 紧前活动和紧后活动

在资源流网络 $G'=(N, A_R)$ 中，如果 $\exists i \in N$，$\exists j \in N$，$\exists k \in K$，$f(i, j, k)>0$，那么活动 i 为活动 j 由于资源驱动而形成的直接紧前活动，活动 j 由于资源驱动对应的直接紧前活动集合为 $Rpre_j$。如果活动 i 为活动 j 由于资源驱动而形成的直接紧前活动，活动 h 为活动 i 由于资源驱动而形成的直接紧前活动，那么活动 h 为活动 j 由于资源驱动而形成的间接紧前活动，活动 j 由于资源驱动对应的间接紧前活动集合为 $Rpre_j^T$。

同理，如果活动 i 为活动 j 由于资源驱动形成的直接紧前活动，那么活动 j 为活动 i 由于资源驱动形成的直接紧后活动，活动 i 由于资源驱动形成的直接紧后活动集合为 $Rsuc_i$。如果活动 j 为活动 i 由于资源驱动形成的直接紧后活动，活动 h 为活动 j 由于资源驱动形成的直接紧后活动，那么活动 h 为活动 i 由于资源驱动形成的间接紧后活动，活动 i 由于资源驱动形成的间接紧后活动集合为 $Rsuc_i^T$。

4.2.4 不可缺少资源弧

针对同一个调度计划会存在多种资源分配方案，在不同的资源分配方案中，为确保资源流网络的联通，有些资源弧必然存在，否则资源不能整体完成分配，这些资源弧被称为不可缺少资源弧 A_U。对于 $\forall i \in N$，$\forall j \in N$，并且 $s_i^B + d_i^B \leq s_j^B$，判断 $(i, j) \in A_U$ 的充要条件是：

$$(i, j) \in A_U \Leftrightarrow \exists k: R_k - \sum_{l \in \Omega_j} r_{lk} - \max\left(0, r_{ik} - \sum_{z \in Z} r_{zk}\right) < r_{jk} \tag{4-1}$$

其中 R_k 是资源的供给量，r_{jk} 表示活动 i 对第 k 种资源的需求量，Ω_j 是在活动 j 开始时刻处于执行状态的活动集合，Z 是活动计划开始时间满足 $s_i^B + d_i^B \leq s_z^B < s_j^B$ 的活动集合。通过提前求出 A_U，可以有效提高资源分配的效率。针对不可缺少资源弧充要条件的证明具体如下：

证明：在任意时刻，可更新资源 k 的供给量不能超过其单位时间的可用量 R_k。在 s_j^B 时刻，由于分配给 Ω_j 集合中的活动的资源不能同时分配给活动 j，因此该时刻能提供给活动 j 的第 k 种资源的数量为 $\xi_{jk} = R_k - \sum_{l \in \Omega_j} r_{lk}$，这些资源将分配给活动 j 或者满足 $s_h^B + d_h^B \leq s_j^B$ 的所有活动。在 $s_i^B + d_j^B$ 时刻，由于 $s_z^B < s_j^B$，活动 i 释放的资源 r_{ik} 优先分配给集合 Z 中的活动，如有剩余才能分配给活动 j，所以在 s_j^B 时刻，活动 i 可以分配给活动 j 的第 k 种资源的最大量为 $\max\left(0, r_{ik} - \sum_{z \in Z} r_{zk}\right)$，除活动 i 外，满足 $s_h^B + d_h^B \leq s_j^B$ 的所有活动能为 j 提供的最大资源数量为：$\zeta_{jk} = \xi_{jk} - \max\left(0, r_{ik} - \sum_{z \in Z} r_{zk}\right)$。如果除活动 i 外其他活动提供的资源不能满足活动 j 的需求，即 $R_k - \sum_{l \in \Omega_j} r_{lk} - \max, \left(0, r_{ik} - \sum_{z \in Z} r_{zk}\right) < r_{jk}$，那么活动 i 必然要分配给活动 j 资源，(i, j) 为不可缺少资源弧。

为更具体地说明资源流网络，本章继续采用第三章引入的项目算例，项目网络图详见图3.3。针对该项目采用SA算法构建出的最优调度计划(见图3.4)存在多种可行的资源分配方案，对应的资源流网络也不同。图4.1和图4.2给出了该调度计划对应的两种可行的资源分配方案，其中图4.1(a)和图4.2(a)代表两种资源分配方案图，其中横坐标代表活动的开始时间，纵坐标代表活动的资源消耗，实线箭头代表具有直接工序约束关系的紧前活动提供资源而形成的资源流动，而虚线箭头则代表添加额外资源弧后有资源驱动而形成的资源流动。图4.1(b)和图4.2(b)表示两种资源分配方案对应的资源流网络图，其中实线箭头代表活动间的工序约束，虚线箭头代表活动间的资源流动，箭头上的数字代表资源流动的数量。

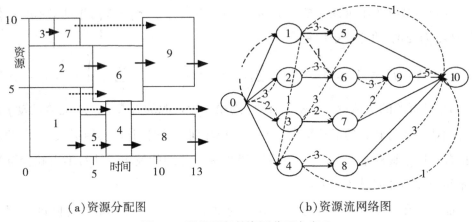

(a)资源分配图　　　　　　　　　(b)资源流网络图

图4.1　随机可行的资源分配方案 I

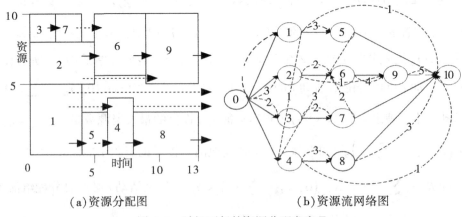

(a)资源分配图　　　　　　　　　(b)资源流网络图

图4.2　随机可行的资源分配方案 II

在资源流网络图中，虚线箭头前端代表资源从该活动流出，虚线箭头的末端代表资源流入下一个活动。为保证资源流动的均衡，假设针对任意一种资源，流入到每个非虚拟活动的资源数量之和等于流出该活动的资源数量之和，并且等于该活动单位时间内对该资源的需求量，即 $\sum\limits_{j=1}^{9} f(i,j,1) = \sum\limits_{j=1}^{9} f(j,i,1) = r_{j1}$ $\quad \forall i$ $\in N \backslash \{0,10\}$。从虚拟开始活动 0 流出的资源数量之和等于流入虚拟结束活动 10 的资源数量之和，并且等于单位时间该资源的可用量，即 $\sum\limits_{j=1}^{9} f(0,j,1) = \sum\limits_{j=1}^{9} f(j,10,1) = R_1 = 10$。

为验证不同资源分配方案应对活动拖期风险的能力，首先假设调度计划采用资源分配方案 I，如果活动 1 拖期了一单位时间，那么其自身的现金流支付会受到影响。通过项目网络和资源流网络，活动 1 的拖期风险还会影响到活动 4、活动 5、活动 6 和活动 8 的现金流支付。若调度计划采用资源分配方案 II，活动 1 发生一单位时间拖期后，会影响到活动 1、活动 4，活动 5 和活动 8 的现金流支付，但受影响的活动个数少于资源分配方案 I 的情况。但是如果活动 3 发生二个单位的时间拖期，活动支付受影响的情况恰好相反，在资源分配方案 I 中，除活动 3 自身的现金流支付受到影响外，只有活动 7 受到了影响，而在资源分配方案 II 中活动 3、活动 7、活动 6 和活动 9 的现金流支付都受到了活动 3 拖期的影响。

从以上的分析可以看出针对活动拖期风险的传递性，两种资源分配方案会对活动现金流的支付产生不同的影响，但单纯的从资源分配方案中无法判断二者的优劣。鉴于以上的分析，下文首先构建了一个净现值期望惩罚成本指标衡量资源分配方案的鲁棒性，然后从鲁棒性资源分配的角度，建立了一个资源流网络优化模型来降低净现值期望惩罚成本，提升调度计划应对风险的能力。

4.3 考虑净现值的资源流网络优化模型

4.3.1 构建衡量指标

1. 期望惩罚成本

以往研究通常采用额外资源弧个数、自由时差或稳定性成本等指标来衡量资源分配方案的优劣，但以上指标都没有考虑到活动的拖期风险以及项目的净现值。因此本书从活动拖期导致调度计划发生偏离进而影响到项目净现值收益的角度，构建了净现值期望惩罚成本（Expected Penalty Cost of Net Present Value，简称 EPC_j^{NPV}）指标来衡量资源分配方案的鲁棒性。EPC_j^{NPV} 指标的具体定义为：由于紧前活动 $i(i \in pred_j \cup Rpre_j)$ 的干扰，造成活动 j 以及活动 j 所有直接紧后活动和间接紧后活动不能按原计划进行现金流支付而产生的净现值期望惩罚成本，其计算见式（4-2）：

$$EPC_j^{npv} = MPC_j^{NPV} \times \Pr(s_j^R > s_j^B) \tag{4-2}$$

其中 MPC_j^{npv}（Marginal Penalty Cost of Net Present Value）是活动 j 的净现值边际惩罚成本，$\Pr(s_j^R > s_j^B)$ 代表活动 j 的现金流拖期支付的风险概率。

2. 边际惩罚成本

式（4-2）中 MPC_j^{npv} 的具体定义是相对于基准调度计划 S^B 中活动 j 的开始时间 s_j^B，活动 j 拖期一单位时间给整个项目净现值带来的边际惩罚成本，其计算公式如下：

$$MPC_j^{npv} = cfw_j(1 - e^{-\alpha}) \tag{4-3}$$

考虑到资金的时间价值，折现因子 $e^{-\alpha}$ 在本书可理解为一单位现金流延迟一单位时间支付后的实际价值，那么 $1 - e^{-\alpha}$ 则代表一单位现金流延迟一单位时间支付所造成的净现值损失。式（4-3）中 cfw_j（Cash Flow Weight）代表活动 j 的现金流权重，它是在考虑活动自身以及其所有后续活动的现金流的基础上给每个活动赋权，具体计算见式（4-4）：

$$cfw_j = (cf_j^+ + cf_j^-) + \sum_{h \in succ_j \cup succ_j^T} (cf_h^+ + cf_h^-) \tag{4-4}$$

cfw_j 是活动 j 以及其所有后续活动的正负现金流之和，其中活动 h 是和活动 j 具有工序约束关系的所有直接后续活动和间接后续活动的集合，即 $h \in succ_j \cup succ_j^T$。现金流权重的构建考虑到了项目活动拖期风险的传递性，尤其是现金流权重较大的活动发生拖期，会严重影响到其所有后续活动现金流支付计划的执行，给整个项目净现值造成较大的风险损失。

3. 拖期风险概率

$\Pr(s_j^R > s_j^B)$ 定义为由于紧前活动 i 的干扰（包括资源驱动形成的新工序约束

对应的直接和间接紧前活动，即 $i \in pred_j^T \cup succ_j^T$）造成活动 j 现金流拖期支付的风险概率，具体计算如下：

$$\Pr(s_j^R > s_j^B) = \Pr(U_{\forall i:\ (i,\ j) \in T(A \cup A_R)} \pi(i,\ j)) \tag{4-5}$$

其中 $\pi(i,\ j)$ 定义为紧前活动 i 对活动 j 现金流按时支付产生干扰的事件，事件发生的概率为：

$$\Pr(\pi(i,\ j)) = \Pr(d_i^R > s_j^B - s_i^R - LPL(i,\ j)) \tag{4-6}$$

其中 $LPL(i,\ j)$ 是在资源流网络的基础上求出的活动 i 到活动 j 的最长路径。求解 $LPL(i,\ j)$ 是一个多阶段决策过程，动态规划中的迪杰斯特拉(Dijkstra)算法解决的是有向图中最短路径问题。考虑到动态规划最长路径问题和最短路径问题的相似性，本书提出了改进的迪杰斯特拉算法，采用递归的方法，递推出在有向的项目网络图和资源流网络图中两个活动间的最长路径，该方法简化了时间的复杂度。

针对式(4-6)给出两个假设：(1)活动 j 的紧前活动 i 的实际开始时间等于基准调度计划上对应的计划开始时间，即 $s_i^R = s_i^B$。(2)在任一时刻 t，只有一个紧前活动 i 影响活动 j 的现金流支付，因此活动 j 现金流拖期支付的风险概率等于所有紧前活动影响其正常支付的概率和，具体计算见式(4-7)和式(4-8)：

$$\Pr\{\pi(i_m,\ j)) \cap (\pi(i_n,\ j))\} = 0 \quad \forall i_m,\ i_n \in pred_j \cup Rpre_j \tag{4-7}$$

$$\Pr(U_{\forall i:\ (i,\ j) \in T(A \cup A_R)} \pi(i,\ j)) = \sum_{\forall i:\ (i,\ j) \in T(A \cup A_R)} \Pr(\pi(i,\ j)) \tag{4-8}$$

基于以上的分析，活动 j 的现金流拖期支付的风险概率的具体计算如下。

$$\Pr(s_j^R > s_j^B) = \sum_{\forall i:\ (i,\ j) \in T(A \cup A_R)} \Pr'(d_i^R > s_j^B - s_i^B - LPL(i,\ j)) \tag{4-9}$$

针对活动工期的不确定性，在最长路径 $LPL(i,\ j)$ 基础上计算出活动 j 现金流拖期支付的风险概率后，可以得出活动 j 拖期带来的净现值期望惩罚成本，见式(4-10)

$$EPC_j^{npv} = cfw_j(1 - e^{-\alpha}) \times \sum_{\forall i:\ (i,\ j) \in T(A \cup A_R)} \Pr'(d_i^R > s_j^B - s_i^B - LPL(i,\ j))$$

$$\tag{4-10}$$

由于活动拖期会给项目净现值带来风险损失，项目管理者希望项目净现值期望惩罚成本越小越好。因此下文构建了一个净现值期望惩罚成本最小化的资源流网络优化模型，保证活动现金流按计划支付。

4.3.2 建立优化模型

模型采用基于活动的研究方法，项目采用节点式网络 $G \cup G'$。活动编号从 0 开始为虚拟起点，代表项目开始，活动 $n+1$ 为虚拟终点，代表项目完工。模型中的其他相关参数的具体说明见表 4.1。

表 4.1 模型参数说明

参数	参数具体说明
s_j^B	活动 j 的计划开始时间
s_j^R	活动 j 的实际开始时间
d_j^B	活动 j 的计划工期
d_j^R	活动 j 的实际工期
K	可更新资源的种类
R_k	第 k 种可更新资源的数量
r_{jk}	活动 j 对第 k 种可更新资源的需求量
$G=(N, A)$	项目网络
$G'=(N, A_R)$	项目资源流网络
$f(i, j, k)$	活动 i 传递给活动 j 的第 k 种可更新资源的数量
cf_j^+	活动 j 的现金流入量
cf_j^-	活动 j 的现金流出量
cf_j	活动 j 的现金流净值
α	现金流的折现率
γ	项目边际收益率
δ_{n+1}	项目截止工期

由于在资源分配过程中会加入一些额外资源弧，形成资源驱动的新工序关系，模型中定义了一个 0-1 变量 x_{ij}，如果活动 j 必须在活动 i 完工后才能开始，那么 $x_{ij}=1$，其中即 $(i, j) \in A \cup A_R$；否则 $x_{ij}=0$。

在上文的假设条件下，给定净现值最大化的基准调度计划 $S^B = \{s_0^B, s_1^B, \cdots,$

$s_{n+1}^B\}$，模型通过有效的资源分配构建出合理、稳定的资源流网络，实现调度计划的净现值期望惩罚成本最小化，模型构建具体如下：

$$\text{min imize} \sum_{j \in N} MPC_j^{NPV} \times \Pr(s_j^R > s_j^B) \tag{4-11}$$

$$\text{s.t.} \quad \sum_{j \in N} f(i,\ j,\ k) = \sum_{j \in N} f(j,\ i,\ k) = r_{ik} \quad \forall i \in N \setminus \{0,\ n+1\},\ \forall k \in K \tag{4-12}$$

$$\sum_{j \in N} f(0,\ j,\ k) = \sum_{j \in N} f(j,\ n+1,\ k) = R_k \quad \forall j \in N \setminus \{0,\ n+1\}\ \forall k \in K \tag{4-13}$$

$$\sum_{i \in Rpre_j} f(i,\ j,\ k) \leqslant R_k \quad \forall j \in N,\ \forall k \in K \tag{4-14}$$

$$s_j^R - s_i^R \geqslant d_i^R (i,\ j) \in A \cup A_U \tag{4-15}$$

$$f(i,\ j,\ k) - Mx_{ij} \leqslant 0 \quad (i,\ j) \in PEA,\ \forall k \in K \tag{4-16}$$

$$s_j^R - s_i^R - Mx_{ij} \geqslant d_i^R - M(i,\ j) \in PEA,\ \forall i,\ j \in N / \{0,\ n+1\} \tag{4-17}$$

$$\sum_{j \in N} cf_j^+ + (1+\gamma) \sum_{j \in N} cf_j^- \geqslant 0 \quad \forall j \in N \setminus \{0,\ N+1\} \tag{4-18}$$

$$s_p^R = s_0^B = 0 \tag{4-19}$$

$$s_{n+1}^R \leqslant \delta_{n+1} \tag{4-20}$$

$$s_j^B,\ s_j^R \in \mathbb{N},\ \forall j \in N \tag{4-21}$$

$$x_{ij} \in \{0,\ 1\}\ \forall i,\ j \in N \tag{4-22}$$

$$f(i,\ j,\ k) \in \mathbb{N} \quad \forall i,\ j \in N,\ \forall k \in K \tag{4-23}$$

式(4-11)是项目净现值期望惩罚成本最小化的目标函数；式(4-12)对 $\forall k \in K$，流入每个非虚拟活动的资源的数量之和等于流出该活动的资源数量之和，即为该活动单位时间内对该可更新资源的需求量 r_{jk}；式(4-13)表示从虚拟开始活动流出的任何一类资源的数量之和等于流入虚拟结束活动的资源数量之和，即为第 k 种资源的单位时间可用量 R_k；式(4-14)是对可更新资源量的约束，即对 $\forall j \in N$，活动 j 对可更新资源单位时间内的需要量不能超过该类资源单位时间内的总供给量；式(4-15)是活动间的工序约束，包括直接工序约束和不可避免的资源弧形成的工序约束；式(4-16)定义了 $f(i,\ j,\ k)$ 和 x_{ij} 之间的关系，如果 $x_{ij} = 0 \Rightarrow f(i,\ j,\ k) = 0$，其中 PEA(Possible Extra Arcs) 集合表示除 $A \cup A_U$ 以外可能存在的额外资源弧 $(i,\ j)$，M 为足够大的一个整数；式(4-17)避免了有资源流动的两个活动同时执行；式（4-18）确保项目的边际收益率不低于 γ；式（4-19）确保项目的实际开始时间和计划开始时间都为0；式（4-20）保证项目的实际完工时间不超过项目既定的截止工期 δ_{n+1}；式（4-21）和式（4-23）是对活动的实际开始时间和资源流的完整性约束，其中式（4-22）代表二者和变量 x_{ij} 之间的二元约束关系。

虽然从理论上不能证明上述模型的 NP-hard 属性，但至少现在无法找到精确算法求出模型的最优解。国内外针对该问题的研究大多采用启发式算法或智能算法获得模型近似最优解（Artigues et al.，2003；Deblaere et al.，2007），Deblaere等提出有代表性而且效果比较好的四种资源分配算法。其中三种基于整数规划的启发式算法虽然能快速构建资源流网络，但只能针对小规模问题，随着项目规模的增大，算法的计算时间会呈指数增长。第四种 MABO（Myopic Activity-Based Optimization）算法被证明是一种有效的资源分配算法，但该算法是通过对带有局部资源流网络的调度计划进行模拟仿真产生资源分配方案，由于仿真次数有限，解的准确性程度较低，并且会造成多种资源分配方案的存在。可见现有的鲁棒资源分配算法存在进一步改进的空间，并且以上算法并未考虑项目的净现值收益以及活动拖期风险在资源流网络上的传递性。因此本书设计了 MEPC（Minimize Expected Penalty Cost）资源流网络优化算法求解上述模型。

4.4　MEPC 资源流网络优化算法

4.4.1　算法概述

MEPC 资源流网络优化算法是一种类贪心启发式算法，它以活动为基准，采用对项目净现值期望惩罚成本最小的方案为每个活动进行资源分配，进而保证活动的现金流支付计划的稳健。从结构上来看该算法属于一个两阶段算法：

第一阶段：采用模拟退火算法求出项目净现值最大化的基准调度计划 S_0^B。

第二阶段：在第一阶段的基础上，针对项目中每个活动都执行以下三个步骤完成资源分配。

Step1：针对每一种资源，首先检查当前活动的紧前活动能否释放足够的资源满足该活动的需求，如果满足，转入 Step3；否则，转入 Step2。

Step2：为当前活动寻求额外资源弧，在该步骤中需要加入造成项目净现值期望惩罚成本最小的额外资源弧或额外资源弧集合来满足当前活动的资源需求。

Step3：定义 $f(i, j, k)$，采用多种优先准则为当前活动进行资源分配。

4.4.2 算法步骤

初始化过程：首先计算不可避免资源弧，令 $A_R = A_U$，生成初始资源流网络 G'。对任意资源 k，令 $alloc_{0k} = R_k$，$alloc_{jk}$ 表示虚拟开始活动 0 可以分配给后续活动的第 k 种资源的数量等于资源的总供给量。然后将各个活动按计划开始时间 s_j^B 升序排列，当 s_j^B 相同时，按 MPC_j^{npv} 降序排列；MPC_j^{npv} 也相同时，按活动序号从小到大排列，得到活动序列 $LIST_1$。按 $LIST_1$ 列表顺序将各个活动依次执行以下步骤完成资源分配：

Step1：判断资源是否满足需求。

(1) $\forall k \in K$，计算 $avail_{jk}(A_R \cup A) = \sum\limits_{\forall i: (i, j) \in A \cup A_R} alloc_{ik}$，即当前可以分配给活动 j 的第 k 种资源的数量等于其所有直接紧前活动所拥有的资源数量之和，其中 $alloc_{ik}$ 代表可以从活动 i 流出分配给其他活动的第 k 种资源的数量。

(2) 如果 $\forall k$，都有 $avail_{ik}(A_R \cup A) \geqslant r_{jk}$，即紧前活动就能满足活动 j 对第 k 种资源的需求，那么直接为该活动进行资源分配，转入 Step3。如果 $\exists k$，使得 $avail_{jk}(A_R \cup A) < r_{jk}$，需要为该活动添加额外资源弧，转入 Step2。

Step2：添加额外资源弧。

(1) 定义 $H_j(h, j)$ 为当前时刻除紧前活动 i 外能给活动 j 提供第 k 种资源的活动集合，该集合满足以下条件：$(h, j) \notin A \cup A_R$，$s_h^B + d_h^B \leqslant s_j^B$，$h \notin pred_j$，$\exists k$：$alloc_{hk} > 0$。

(2) 定义能给活动 j 提供足够额外资源并且活动个数最少的活动备选集为最小备选集 H_j。H_j 可能有多组，其中 $H_j^1, H_j^2, \cdots, H_j^q \subseteq H_j$。对于任意 $k \in K$，H_j^q 满足 $avail_{jk}(A \cup A_R \cup H_j^i) \geqslant r_{jk}$。

(3) 将 H_j^q 中的所有备选资源弧分别加入 A_R 中，固定资源流网络，计算由于紧前活动干扰造成活动 j 拖期支付给项目净现值带来的期望惩罚成本 $EPC_j^{NPV}(A \cup A_R \cup H_j^q)$，具体计算见式(4-24)。

$$EPC_j^{NPV}(A \cup A_R \cup H_j^q) = MPC_j^{NPV} \times \sum_{\forall i: (i, j) \in A \cup A_R \cup H_j^q} \Pr(d_i^R > s_j^B - s_i^B - LPL(i, j))$$

$$（4-24）$$

(4)定义 H_j^* 为最优备选，该集合满足 $EPC_j^{NPV}(A \cup A_R \cup H_j^q)$ 结果最小，并且 $avail_{jk}(A \cup A_R \cup H_j^*) \geqslant r_{jk}$，$H_j^* \in \{H_j^1, H_j^2, \cdots, H_j^q\}$。确定 H_j^* 后，令 $H_i = H_j^*$，并更新资源流网络，$A_R = A_R \cup H_j^*$。

Step3：为当前活动分配资源。

(1)定义 $Task_{jk} = \{i \mid S_i^B + d_i^B \leqslant S_j^B, \ alloc_{ik} > 0\}$ 为当前时刻可以给活动 j 提供第 k 种资源的活动集合。为提升资源分配的效率，本书提出六种优先准则将 $Task_{jk}$ 中活动进行排序，然后依次为活动 j 提供资源。

准则1：定义 $succ_i$ 是与活动 j 具有直接工序关系的紧前活动集合 $succ_i = \{l \mid s_i^B + d_i^B \leqslant s_l^B, \ s_l^B > s_j^B, \ alloc_{ik} > 0\}$，满足该集合的活动有 m 个，将 m 升序排列；

准则2：当 m 相同时，按活动的边际惩罚成本 MEP_i^{NPV} 降序排列；

准则3：当 MEP_i^{NPV} 相同时，按活动的结束时间 $s_i + d_i$ 降序排列；

准则4：当结束时间相同时，将 $Task_{jk}$ 中的活动按当前时刻可提供的资源量 $alloc_{ik}$ 降序排列，拥有资源较多的活动优先提供资源；

准则5：当 $alloc_{ik}$ 相同时，判断 $Task_{jk}$ 的活动 i 是否为活动 j 的直接或间接紧前活动，如果是该活动优先给活动 j 提供资源；

准则6：当以上准则都不满足时，将 $Task_{jk}$ 中的活动随机排序。

(2)按以上准则最终得到活动列表 $LIST_2$，然后按列表顺序，依次为活动 j 提供资源，直到 $alloc_{jk} \geqslant r_{jk}$，具体过程见式(4-25)到式(4-27)

$$flow(i, j, k) = \min(alloc_{ik}, \ r_{jk} - alloc_{jk} \qquad （4-25）$$

$$alloc_{jk} = alloc_{jk} + flow(i, j, k) \qquad （4-26）$$

$$alloc_{ik} = alloc_{ik} - flow(i, j, k) \qquad （4-27）$$

当前活动完成资源分配后，对 $LIST_1$ 列表中的下个活动执行以上三个步骤，直到所有活动完成资源分配，算法终止。MEPC 资源流网络优化算法的流程图见图4.3。

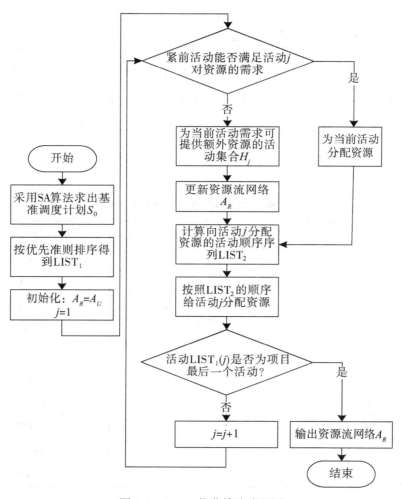

图 4.3　MEPC 优化算法流程图

4.5　具体算例

本书针对第三章给出的具体项算例首先采用 SA 算法构建出项目净现值最大化的最优调动计划(见图 3.4),然后分别采用 MEPC 优化算法、改进的 D-MABO 优化算法以及改进的 D-RRAS 算法为每个活动进行资源分配。在资源分配过程中假设活动的实际工期 d_j^R 服从对数正态分布,其中 $\sigma = 0.3$。

4.5.1 MEPC 算法资源分配过程

为提高算法的分配效率，首先根据式(4-1)识别出该项目中不可缺少资源弧：$A_U = \{(0,1),(0,2),(0,3),(3,7),(1,5),(5,4),(4,8),(6,9)\}$。然后根据式(4-3)和式(4-4)计算出各个活动的净现值边际惩罚成本 MPC_j^{npv}，具体结果见表 4.2。

表 4.2　　　　　　　　　　活动的净现值边际惩罚成本

活动序号 j	活动现金流 cf_j	活动的直接和间接紧后活动	现金流权重 cfw_j ［式(4-4)］	活动边际惩罚成本 MPC_j^{npv} ［式(4-3)］
1	20	5, 10	32	0.318
2	16	6, 9, 10	34	0.338
3	8	7, 10	26	0.259
4	6	8, 10	3	0.030
5	12	10	12	0.119
6	14	9, 10	18	0.179
7	18	10	18	0.179
8	−3	10	−3	−0.030
9	4	10	4	0.040

针对净现值最大化的基准调度计划 $S_0^B = \{0,0,0,0,6,4,5,2,8,9,13\}$，将所有活动按计划开始时间 s_j^B 从小到大排序，如果活动开始时间相同，按活动的 MPC_j^{npv} 降序排列，得到活动序列 $LIST_1 = \{0,1,2,3,7,5,6,4,8,9,10\}$。按照 $LIST_1$ 序列的先后顺序采用 MEPC 资源流网络优化算法依次为每个活动分配资源。

首先将 10 单位可更新资源分配给虚拟开始活动 0，即 $alloc_{01} = 10$。然后为活动 1 分配资源，由于活动 1 只有一个紧前活动 0，即 $avail_{11} = alloc\,01 = 10$，并且 $r_{11} = 5$，所以 $avail_{11} > r_{11}$，紧前活动 0 能满足活动 1 对资源的需求。活动 0 向活动 1 分配的资源的数量 $f(0, 1, 1) = \min(alloc_{01}, r_{11} - alloc_{11}) = 5$。更新资源，$alloc_{01} = 5$，$alloc_{11} = 5$，更新资源流网络 $A_R = \{(0,1),(0,2),(0,3),(3,7),(1,5),$

$(5,4),(4,8),(6,9)$，活动 1 完成资源分配。

同理，活动 2、活动 3、活动 7 以及活动 5 的直接紧前活动都能满足该活动对资源的需求，只需根据算法中的 Step3 进行资源的分配即可。

针对活动 6，其紧前活动为活动 2，即 $avail_{61} = alloc_{21} = 3$。由于 $r_{61} = 4$，$avail_{61} < r_{61}$，紧前活动 2 不能满足活动 6 对资源的需求，因此需要为活动 6 从已完工的活动中获取一单位额外资源，即添加额外资源弧。当前时刻除活动 2 外可以为活动 6 提供额外资源的有活动 1 和活动 7，所以活动 6 的最小可行活动集 $H_6 = \{(1, 6), (7, 6)\}$。为进一步判断两种资源分配方案的优劣，首先将资源弧 $(1, 6)$ 加入到当前资源流网络 A_R 中，活动 6 的紧前活动有活动 1 和活动 2，计算活动间的最长路径 $LPL(i, j)$，具体结果见表 4.3(a)。已知活动实际工期的概率分布和活动间的最长路径，计算 $EPC_6^{NPV}\{(1, 6), (2, 6)\}$：

表 4.3　　加入额外资源弧后活动 i 到活动 j 的最长路径 $LPL(i, j)$

(a) 加入资源弧(1, 6)后的 $LPL(i, j)$									
$LPL(i, j)$	1	2	3	4	5	6	7	8	9	10
1				2	0	0		4	4	9
2						0			4	8
3							0			2
4								0		5
5					0			2		7
6									0	4

(b) 加入资源弧(7, 6)后的 $LPL(i, j)$									
$LPL(i, j)$	1	2	3	4	5	6	7	8	9	10
1				2	0			4		9
2						0			4	8
3						2	0		6	10
4								0		5
5					0			2		7
6									0	4
7						0			4	8

$$\Pr(\pi(1,6)) = \Pr'(d_1^R > s_6^B - s_1^B - LPL(1,6)) = \Pr(d_1^R > 5) = 0.1857 \tag{4-28}$$

$$\Pr(\pi(2,6)) = \Pr'(d_2^R > s_6^B - s_2^B - LPL(2,6)) = \Pr(d_2^R > 5) = 0.4404 \tag{4-29}$$

$$EPC_6^{NPV}\{(1,6),(2,6)\} = 0.279 \times (0.1857 + 0.4404) = 0.1121 \tag{4-30}$$

然后再将资源弧(7,6)加入 A_R 中，活动6的紧前活动有活动2、活动3和活动6，对应的 $LPL(i,j)$ 见表4.3(b)。$EPC_6^{NPV}\{(2,6),(3,6),(7,6)\}$ 计算如下：

$$\Pr(\pi(2,6)) = \Pr'(d_2^R > s_6^B - s_2^B - LPL(2,6)) = \Pr(d_2^R > 3) = 0.4404 \tag{4-31}$$

$$\Pr(\pi(3,6)) = \Pr'(d_3^R > s_6^B - s_3^B - LPL(3,6)) = \Pr(d_3^R > 3) = 0.0666 \tag{4-32}$$

$$\Pr(\pi(7,6)) = \Pr'(d_7^R > s_6^B - s_7^B - LPL(7,6)) = \Pr(d_7^R > 3) = 0.0666 \tag{4-33}$$

$$EPC_6^{NPV}\{(2,6),(3,6),(7,6)\} = 0.279 \times (0.4404 + 0.0666 + 0.0666) = 0.1027 \tag{4-34}$$

从以上的结果可以看出，$EPC_6^{NPV}\{(2,6),(3,6),(7,6)\} < EPC_6^{NPV}\{(1,6),(2,6)\}$，即相对于活动1，由活动7给活动6提供额外资源造成活动6现金流拖期支付而产生的项目净现值期望惩罚成本更低，因此 $H_6^* = \{7,6\}$。更新资源流网络，$A_R = \{(0,1),(0,2),(0,3),(3,7),(1,5),(5,4),(4,8),(6,9),(2,6),(7,6)\}$。

然后按照 MEPC 算法 Step3 中的6种优先准则，将活动2和活动7进行排序。由于活动2的紧后活动的开始时间没有大于 $s_6^B = 5$ 的，活动7的紧后活动为虚拟结束活动10，该活动不消耗任何资源，因此需要根据优先准则2进一步判断两个活动为活动6提供资源的优先顺序，由于 $MPC_2^{NPV} = 0.388$，$MPC_7^{NPV} = 0.129$，$MPC_2^{NPV} > MPC_7^{NPV}$，因此为活动6提供资源的活动序列 $LIST_2 = \{2,7\}$。首先由活动2向活动6提供资源，$f(2,6,1) = \min(alloc_2, r_{61} - alloc_6) = 3$，更新资源，$alloc_2 = 0$，$alloc_6 = 3$，然后再由活动7向活动6提供资源，$f(7,6,1) = \min(alloc_7, r_{61} - alloc_6) = 1$，更新资源 $alloc_7 = 1$，$alloc_6 = 4$，活动6完成资源分配。

针对活动4，其紧前活动0和活动5不能满足活动4对资源的需求，因此需要采用上述步骤为活动4添加额外资源弧，通过量化计算得出 $H_4^* = \{1, 4\}$。依据优先准则获得为活动4分配资源的活动序列 $LIST_2 = \{5, 1\}$。活动5和活动1依次向活动4提供资源，$f(5, 4, 1) = \min(alloc_5, r_{41} - alloc_4) = 3$，$f(1, 4, 1) = \min(alloc_{71}, r_{41} - alloc_{41}) = 1$。更新资源流网络，$A_R = \{(0,1), (0,2), (0,3), (3, 7), (1,5), (5,4), (4,8), (6,9), (2,6), (7,6), (1,4)\}$，活动4完成资源分配。

针对活动8，其紧前活动为活动4，$avail_{81} < r_{81}$，满足活动8对资源的需求，$f(4, 8, 1) = \min(alloc_{41}, r_{81} - alloc_{81}) = 3$，更新资源，$alloc_{41} = 1$，$alloc_{81} = 3$。更新资源流网络，$A_R = \{(0,1), (0,2), (0,3), (3,7), (1,5), (5,4), (4,8), (6,9), (2,6), (7,6), (1,4)\}$，活动8完成资源分配。

针对活动9，紧前活动6不能满足其对资源的需求，因此需要为活动9添加额外资源弧，通过量化计算得出 $H_9^* = \{7,9\}$。依据优先准则获得为活动9提供资源的活动序列 $LIST_2 = \{6,7\}$，首先活动6向活动9提供资源，$f(6,9,1) = \min(alloc_{61}, r_{91} - alloc_{91}) = 4$，然后活动7向活动9提供资源，$f(7,9,1) = \min(alloc_{71}, r_{91} - alloc_{91}) = 1$。更新资源流网络，$A_R = \{(0,1), (0,2), (0,3), (3,7), (1,5), (5,4), (4,8), (6,9), (2,6), (7,6), (7,4), (7,9)\}$，活动9完成资源分配。

依据 $LIST_1$ 序列的先后顺序，项目中的所有活动都依次完成了资源分配，采用 MEPC 优化算法对应的资源分配方案和资源流网络具体见图 4.4。

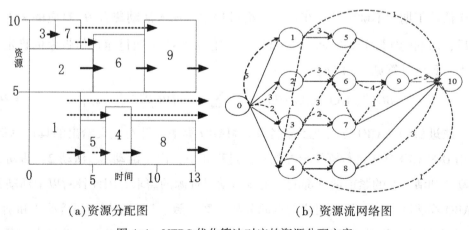

(a) 资源分配图　　　　　　　(b) 资源流网络图

图 4.4　MEPC 优化算法对应的资源分配方案

4.5.2 D-MABO 算法资源分配过程

MABO 优化算法被证明是一种非常有效的资源分配方法，它通过采用局部寻优的方式优化资源流网络，来提升调度计划的鲁棒性（Deblaere et al., 2007）。MABO 算法采用活动实际开始时间 s_j^R 偏离计划开始时间 s_j^B 所产生的稳定性成本（Stability Cost，简称 SC）来衡量资源分配方案的鲁棒性。具体过程是：针对当前活动，首先找出除紧前活动外能为该活动提供额外资源的活动备选集 H_j。然后将各个备选活动集合 $H_j^q(H_j^1, H_j^2, \cdots, H_j^q \subseteq H_j)$ 分别加入当前资源流网络 A_R 中。固定资源流网络，采用模拟仿真的方式对未完成资源分配的调度计划随机干扰 100 次，选取稳定性成本最低的备选活动集合为当前活动提供资源，$SC(A \cup A_R \cup H_j^q)$ 的具体计算见式（4-35）。

$$SC(A \cup A_R \cup H_j^q) = \sum_{(i,\ j) \in A \cup A_R \cup Hq} w_j \left| s_j^R - s_j^B \right| \qquad (4\text{-}35)$$

其中 w_j 为活动权重，代表活动 j 没有按时开工所产生的各种成本，包括库存成本、组织成本以及协调成本等。

为了验证本书提出的 MEPC 优化算法的有效性和可行性，将该算法与 MABO 算法进行对比分析。但是由于 MABO 算法没有考虑到项目的净现值，为了使两种算法具有可比性，下面对 MABO 算法中的资源分配方案衡量指标 $SC(A \cup A_R \cup H_j^q)$ 进行了相应的改进。针对式（4-35）采用本书提出的 MPC_j^{NPV} 指标来替代活动权重 w_j，构建净现值稳定性成本指标 $SC^{NPV}(A \cup A_R \cup H_j^q)$。该指标的具体定义是由于活动工期的不确定性，在资源分配过程中，加入活动集合 H_j^q 对应的额外资源后，活动的实际开始时间 s_j^R 偏离计划开始时间 s_j^B 给项目净现值带来的稳定性成本，具体计算见式（4-36）：

$$SC^{NPV}(A \cup A_R \cup H_j^q) = \sum_{(i,\ j) \in A \cup A_R \cup Hq} MPC_j^{NPV} \left| s_j^R - s_j^B \right| \qquad (4\text{-}36)$$

改进后的 MABO 算法重新命名为 D-MABO 算法。针对上文给出的具体算例，采用 D-MABO 算法进行资源分配的具体过程如下：由于活动 1、活动 2、活动 3、活动 7 和活动 5 的紧前活动都能满足该活动对资源的需求，因此针对以上活动 D-MABO 算法和 MEPC 算法对应的资源分配方案一致。针对活动 6、活动 4 和活动 9，紧前活动不能满足该活动对资源的需求，因此需要为这 3 个活动寻求额外资源。考虑到模拟仿真的随机性，针对同一个调度计划可能会产生不同的资源分配方案，这会影响 D-MABO 算法的准确性和稳定性。因此针对净现值最大化的初始调度计划(见图 3.4)，将 D-MABO 算法执行 5 次得到了两种不同的资源分配方案，详见图 4.5 和图 4.6，其中活动 6、活动 4 和活动 9 的两种资源分配方案结果对比见表 4.4。

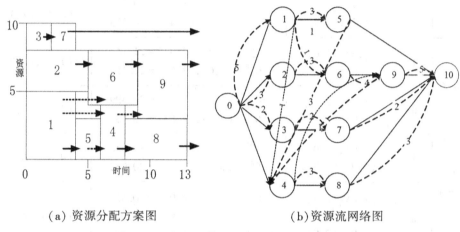

(a) 资源分配方案图　　　　　　　(b)资源流网络图

图 4.5　D-MABO 算法对应的资源分配方案 I

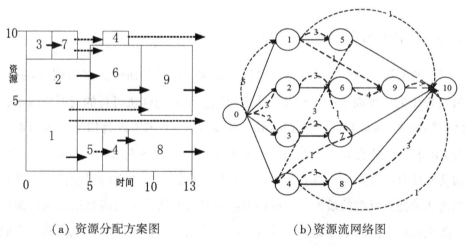

(a) 资源分配方案图　　　　　　　(b)资源流网络图

图 4.6　D-MABO 算法对应的资源分配方案 II

表 4.4　　　　　**D-MABO 算法的两种资源分配方案结果对比表**

活动序号 j	方案	最小备选集合 H_j	净现值稳定性成本 $SC^{NPV}(A \cup A_R \cup H_j^\eta)$ ［式(4. 36)］	最佳方案 H_j^*
活动 4	I	$\{(5,4),(1,4)\}$ $\{(5,4),(7,4)\}$	$SC_4^{NPV}\{(5,4),(1,4)\} = 19.192$ $SC_4^{NPV}\{(5,4),(7,4)\} = 20.984$	$\{(5,4),(1,4)\}$
	II	$\{(5,4),(1,4)\}$ $\{(5,4),(7,4)\}$	$SC_4^{NPV}\{(5,4),(1,4)\} = 20.993$ $SC_4^{NPV}\{(5,4),(7,4)\} = 20.255$	$\{(5,4),(7,4)\}$
活动 6	I	$\{(1,6),(2,6)\}$ $\{(2,6),(7,6)\}$	$SC_6^{NPV}\{(1,6),(2,6)\} = 21.147$ $SC_6^{NPV}\{(2,6),(7,6)\} = 21.454$	$\{(1,6),(2,6)\}$
	II	$\{(1,6),(2,6)\}$ $\{(2,6),(7,6)\}$	$SC_6^{NPV}\{(1,6),(2,6)\} = 21.499$ $SC_6^{NPV}\{(2,6),(7,6)\} = 20.783$	$\{(2,6),(7,6)\}$
活动 9	I	$\{(4,9),(6,9)\}$ $\{(6,9),(7,9)\}$	$SC_9^{NPV}\{(4,9),(6,9)\} = 19.653$ $SC_9^{NPV}\{(6,9),(7,9)\} = 20.952$	$\{(4,9),(6,9)\}$
	II	$\{(1,9),(6,9)\}$ $\{(4,9),(6,9)\}$ $\{(6,9),(7,9)\}$	$SC_9^{NPV}\{(1,9),(6,9)\} = 20.527$ $SC_9^{NPV}\{(4,9),(6,9)\} = 20.973$ $SC_9^{NPV}\{(6,9),(7,9)\} = 21.517$	$\{(1,9),(6,9)\}$

4.5.3　D-RRAS 算法资源分配过程

以上两种算法都考虑了资源的鲁棒性分配，以往的研究大多采用 Artigues 等 (2013)提出的一种简单的并行调度生成机制随机构建随机可行的资源流网络，即 RRAS 算法(Random Resource Allocation Scheme)，并未考虑鲁棒性资源分配。为提升 RRAS 算法的有效性，本书在其基础上提出了两种新准则。准则 I：当前时刻活动所拥有的资源应当首先分配给与其具有直接工序约束的后续活动，并传递出当前活动拥有资源的最大量；准则 II：如果紧前活动不能满足活动对资源的需求，随机选取当前时刻除紧前活动外可以为该活动提供资源的其他活动，直到当前活动所需资源得到满足。改进后的 RRAS 算法命名为 D-RRAS 算法，算法的伪代码如下所示，算法对应的资源分配方案和资源流网络见图 4.7。

D-RRAS 伪代码：

$for\ \text{t}=1:\delta_{n+1}$

 $for\ \text{j}=1:\text{n}-1\ do$

  $if\ s_j^B=t\ then$

   $for\ \forall \text{k},\ do$

    $\text{req}_k=r_{jk}$

    $m:=0$

    $while\ \text{req}_q>0\ do$

     $if\ s_m^B+d_m^B\leqslant s_j^B\cup m\in Apred_j\ then$

      $\text{q}:=\min(req_k,alloc_{mk})$

      $\text{req}_k:=\text{req}_k-\text{q}$

      $\text{alloc}_{mk}=\text{alloc}_{mk}-\text{q}$

      $\text{flow}(\text{m},\text{j},\text{k})=\text{flow}(\text{m},\text{j},\text{k})+\text{q}$

      $\text{alloc}_{jk}=\text{alloc}_{jk}+\text{q}$

      $m:=m+1$

     $while\ \text{req}_q>0\ do$

      $if\ s_m^B+d_m^B\leqslant s_j^B\ then$

       $\text{q}:=\min(req_k,alloc_{mk})$

       $req_k:=req_k-q$

       $alloc_{mk}=alloc_{mk}-q$

       $flow(m,j,k)=flow(m,j,k)+q$

       $alloc_{jk}=alloc_{jk}+q$

       $m:=m+1$

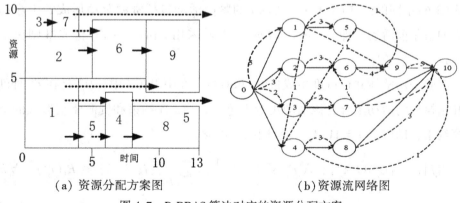

  （a）资源分配方案图   （b）资源流网络图

图 4.7　D-RRAS 算法对应的资源分配方案

69

上文采用了三种资源分配算法(MEPC、D-MABO、D-RRAS)为项目算例对应的净现值最大化的调度计划进行了资源分配。从不同的资源分配方案图中可以看出,针对同一个调度计划,可行的资源分配方案有多种,形成的资源流网络也不同。为验证工期不确定性环境下,不同的资源流网络对调度计划的鲁棒性的影响,下文设计了大规模仿真对比实验。

4.6 对比实验

4.6.1 实验设计

本书采用帕特森项目库中的 110 个项目算例,针对 MEPC、D-MABO、RRAS 和 D-RRAS 四种算法进行了大规模的仿真对比实验。仿真环境设计如下:假设活动实际工期 d_j^R 服从对数正态分布。在仿真实验中设定高、中、低三种工期的不确定性程度,对应 σ 分别为 0.3、0.6、0.9。针对项目库中的每个算例模型执行 M 次($M = 1000$),每次随机生成的实际工期为 $d_j^R(m)$。项目的基准调度计划 S^B 采用第三章设计的 SA 算法获得的净现值最大化的最优调度计划,截止工期 δ_{n+1} 为最优调度计划工期的 1.3 倍,即 $\delta_{n+1} = 1.3 \times s_{n+1}^B$。假设活动的现金流 cf_j 服从区间为 $[-200, 300]$ 的三角分布,并且正负现金流满足项目边际收益率不低于 γ。

项目执行策略采用"时刻表"(Railway)法,即所有活动开始执行时间不得早于活动的原计划开始时间,见式(4-37):

$$s_j^{R'}(m) = \max\{s_j^B, \ \max_{i \in pred_j \cup Rpre_j}\{s_i^R(m) + d_i^R(m)\}\} \tag{4-37}$$

与式(3-6)不同的是式(4-37)中活动 j 的紧前活动包括资源驱动形成的工序约束对应的新紧前活动,即 $i \in pred_j \cup Rpre_j$。实验采用 $\min|t_g^m - s_j^B|$ 优先准则决定活动执行的先后顺序。

实验采用整体并行进度生成机制(PSGS),在中 PSGS 中,D_g^m 是在 t_g^m 时刻可以开始执行的活动集合,该活动集合中包含直接工序约束和资源驱动形成的新的工序约束,即 $(i, j) \in A \cup A_R$,具体见式(4-38)。

$$D_g^m = \{j \mid j \notin \{C_j^m \cup A_g^m\}\} \wedge P_g^m \subseteq C_g^m \wedge \left\{\sum_{(i, j) \in A \cup A_R} f(i, j, k) \leqslant R_k(t_g^m), \ \forall k\right\}$$

$$\tag{4-38}$$

4.6.2 实验结果

依据上述仿真环境的设计，本书从项目的净现值收益、调度计划的鲁棒性，分配方案的稳定性以及算法的时间效率四个方面，将以上四种算法（MEPC，D-MABO，RRAS D-RRAS）在上文设置的仿真环境中进行对比研究，实验结果如下：

1. 不同 σ 下项目净现值相关指标对比分析

实验采用项目库中所有算例模拟执行 M 次后实际净现值的均值 $\overline{NPV^{real}}$ 来衡量项目净现值的收益情况，具体计算见式（4-39）。

$$\overline{NPV^{real}} = \sum_{m=1}^{M} \sum_{q=1}^{Q} NPV_q^{real}(m) / (M \times Q) \qquad (4\text{-}39)$$

其中第 q 个项目在第 m 次模拟时的实际净现值 $NPV_q^{real}(m)$ 的计算公式如下：

$$NPV_q^{real}(m) = \sum_{j=1}^{N} cf_{jq} e^{-\alpha(s_{qj}^R(m) + d_{qj}^R(m))} \qquad (4\text{-}40)$$

其中 cf_{qj} 为第 q 个项目的第 j 个活动的现金流净值，$s_{qj}^R(m)$ 为第 q 个项目在第 m 次模拟时活动 j 的实际开始时间，$d_{qj}^R(m)$ 为第 q 个项目在第 m 次模拟时活动 j 的实际工期。

针对所有项目，采用所有活动的实际开始时间偏离计划开始时间所产生的平均净现值稳定性成本 $\overline{SC^{NPV}}$ 衡量调度计划的鲁棒性，具体计算见式（4-41）。

$$\overline{SC^{NPV}} = \sum_{m=1}^{M} \sum_{q=1}^{Q} \sum_{j=1}^{N} MPC_{qj}^{NPV} E(s_{qj}^R(m) - s_{qj}^B) / (M \times Q) \qquad (4\text{-}41)$$

其中 s_{qj}^B 为第 q 个项目中活动 j 的计划开始时间，MPC_{qj}^{NPV} 为第 q 个项目中活动 j 的净现值边际惩罚成本。

四种算法构建的调度计划的平均实际净现值和平均净现值稳定性成本统计结果见表 4.5。

表 4.5 不同 σ 下项目净现值相关指标统计结果

算法	$\sigma = 0.3$		$\sigma = 0.6$		$\sigma = 0.9$	
	$\overline{NPV^{real}}$	$\overline{SC^{NPV}}$	$\overline{NPV^{real}}$	$\overline{SC^{NPV}}$	$\overline{NPV^{real}}$	$\overline{SC^{NPV}}$
RRAS	389.084	276.820	373.688	354.152	357.449	454.462

算法	$\sigma = 0.3$		$\sigma = 0.6$		$\sigma = 0.9$	
	$\overline{NPV^{real}}$	$\overline{SC^{NPV}}$	$\overline{NPV^{real}}$	$\overline{SC^{NPV}}$	$\overline{NPV^{real}}$	$\overline{SC^{NPV}}$
D-RRAS	396.819	257.477	385.050	329.395	366.911	446.092
D-MABO	400.447	228.337	391.632	285.992	379.396	397.003
MEPC	410.071	189.019	396.007	254.509	382.476	369.724

从表 4.5 中可以看出，随着 σ 的增加，四种算法对应的项目平均实际净现值 $\overline{NPV^{real}}$ 越来越小，平均净现值的稳定性成本 $\overline{SC^{NPV}}$ 越来越大。这说明工期的不确定性会造成项目调度计划偏离原基准调度计划，项目活动的现金流不能按原计划支付，项目净现值受损，产生一定的净现值风险损失成本。当 σ 相同时，采用本书设计的 MEPC 算法和 D-MABO 算法得出的 $\overline{NPV^{real}}$ 和 $\overline{SC^{NPV}}$ 比采用 RRAS 算法和 D-RRAS 算法对应的结果要好，这说明鲁棒性资源分配确实提升了调度计划的稳健性。相对于其他的 3 种算法，采用 MEPC 算法对应的项目平均实际净现值 $\overline{NPV^{real}}$ 最大，平均净现值稳定性成本 $\overline{SC^{NPV}}$ 最小，这说明在工期不确定性环境下，采用净现值期望惩罚成本最小方案为活动分配资源最大限度地降低了项目净现值的风险损失，保证了净现值的实际收益，增强了调度计划的鲁棒性。

2. 分配方案稳定性对比分析

为验证 MEPC 优化算法的稳定性，针对帕特森项目库中的 110 个算例采用以上 4 中资源分配算法分别进行多次实验。统计出每种算法对应的资源分配方案的总个数，并定义 RD 指标来衡量资源分配算法的稳定性，具体计算见式(4-42)。

$$RD = (1 - AR^{Num})/110M \tag{4-42}$$

其中 AR^{Num} 是将 110 个算例采用一种资源分配算法执行 M 次后资源分配方案的总数。

四种算法的资源分配方案的稳定性对比结果见表 4.6。在表 4.6 中采用 D-MABO 算法实验 5 次，110 个项目算例共有 446 种资源分配方案，那么 RD = 18.91%。这说明针对同一个项目调度计划，采用 D-MABO 算法进行 5 次资源分配，有 4 次资源分配方案都不同。从表 4.6 中还可以看出针对同一个调度计划，采用 RRAS、D-RRAS 和 D-MABO 算法都会存在多种资源分配方案，而 MEPC 算法资源分配方案唯一。虽然随着实验次数的逐步增加，D-MABO 算法稳定性有所提升，但远远低于 MEPC 算法的稳定性。

表 4.6　　　　　　　　　算法资源分配稳定性对比

算法	M	5	10	15	20	30	40	50
RRAS	AR^{Num}	521	981	1452	1813	2637	3290	3894
	RD	5.273%	10.818%	12.000%	17.591%	20.091%	25.227%	29.200%
D-RRAS	AR^{Num}	507	963	1364	1622	2315	2987	3465
	RD	7.818%	12.455%	17.333%	26.273%	29.848%	32.114%	37.000%
D-MABO	AR^{Num}	432	815	1174	1303	1863	2389	2673
	RD	21.455%	25.909%	28.848%	40.773%	43.545%	45.705%	51.400%
MEPC	AR^{Num}	1	1	1	1	1	1	1
	RD	80.000%	90.000%	93.330%	95.000%	96.670%	97.500%	98.000%

3. 算法时间效率对比分析

在进行资源分配时，RRAS 算法随机选取可行的资源分配方案，D-RRAS 算法采用紧前活动优先原则选取资源分配方案，D-MABO 算法对带有局部资源流网络的项目调度计划进行仿真模拟选取资源分配方案，而 MEPC 算法采用净现值期望惩罚成本指标直接度量资源分配方案的优劣。为验证以上算法的时间效率，将每种算法对应的资源分配过程执行 M 次，统计算法的平均执行时间，具体结果见表 4.7。从表 4.7 中可以看出：由于 RRAS 和 D-RRAS 算法资源分配过程相对简单，算法的搜索时间都较短。但由于 D-MABO 算法中的仿真过程，其执行时间远远高于 RRAS、D-RRAS 和 MEPC 这三种算法，并且随着模拟次数的增加，D-MABO 算法执行时间大幅度上升。

表 4.7 算法时间效率对比分析

实验次数	100	200	300	400	500	600	700	800	900	1000
RRAS	0.065	0.127	0.198	0.246	0.353	0.416	0.537	0.589	0.788	0.803
D-RRAS	0.094	0.182	0.275	0.303	0.395	0.457	0.618	0.692	0.831	0.891
D-MABO	5.482	10.943	16.788	20.764	25.536	31.652	39.781	45.552	51.319	56.905
MEPC	0.133	0.247	0.386	0.416	0.493	0.558	0.775	0.797	0.889	1.165

从以上的对比分析中可以看出：虽然 RRAS 和 D-RRAS 算法能迅速完成资源分配，但会存在多种资源分配方案。并且由于算法没有考虑资源的鲁棒性分配，RRAS 和 D-RRAS 算法对应的调度计划鲁棒性较差；D-MABO 算法虽然考虑到了资源的鲁棒性配置，但其计算时间较长，资源分配方案不稳定，并且算法未考虑活动拖期风险在资源流网络上的传递性给项目净现值带来的影响。本书提出的 MEPC 算法避免了上述三种算法的缺陷，该算法能在较短的时间内完成资源分配，通过量化计算保证了资源分配方案的唯一性，并且算法通过降低净现值期望惩罚成本提升了调度计划应对活动拖期风险的能力。针对四种算法，图 4.8 从项目净现值收益、调度计划鲁棒性、算法稳定性以及算法时间效率四个方面进一步验证了 MEPC 算法的有效性。

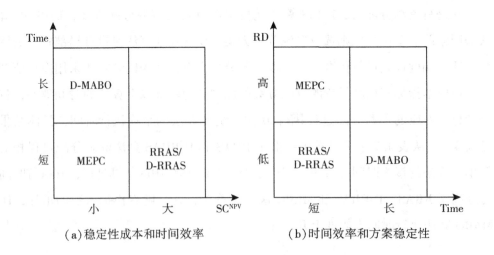

（a）稳定性成本和时间效率 （b）时间效率和方案稳定性

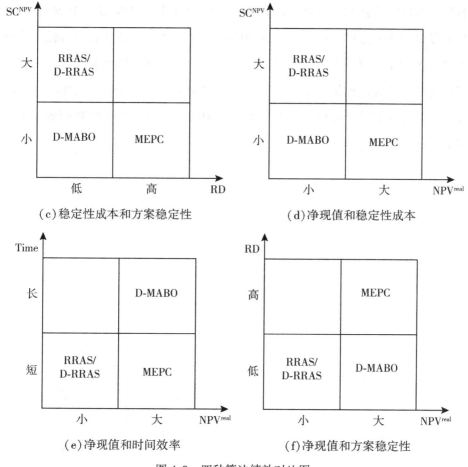

（c）稳定性成本和方案稳定性　　　　　　（d）净现值和稳定性成本

（e）净现值和时间效率　　　　　　（f）净现值和方案稳定性

图 4.8　四种算法绩效对比图

4.7　本章小结

本章从鲁棒性资源分配的角度，通过资源流网络优化来构建鲁棒性调度计划以应对项目在实际执行过程中活动拖期给项目净现值风带来的风险损失。首先提出净现值期望惩罚成本指标衡量调度计划资源分配方案的鲁棒性，在此基础上构建了项目净现值期望惩罚成本最小化的资源流网络优化模型。针对该模型设计了MEPC 资源流网络优化算法，在不保证净现值最大化的最优调度计划不变的前提下，通过资源的有效配置实现净现值期望惩罚成本最小化。针对一个具体算例，本书采用 MEPC 算法和另外两种改进的资源分配算法（D-RRAS 和 D-MABO）详细说明了资源的分配过程。最后为验证 MEPC 优化算法的有效性和可行性，针对帕特森项目库 110 个项目算例，采用 RRAS、D-RRAS、D-MABO 和 MEPC 四种资源分配算法进行了大规模仿真对比实验。实验结果表明：MEPC 算法在项目的净现值收益、调度计划的鲁棒性、资源分配方案的稳定性以及算法的时间效率上都优于其他三种算法。

5 基于时间缓冲的项目调度问题净现值研究

5.1 引言

第四章针对净现值最大化的最优调度计划，通过鲁棒性资源分配来降低活动拖期给项目净现值带来的风险损失，提升调度计划的鲁棒性。时间缓冲管理作为解决鲁棒性项目调度问题的另一重要策略，它强调在项目活动中或项目链中插入时间缓冲，以应对项目执行过程中发生的突发情况，该策略包括集中缓冲管理和分散缓冲管理两种模式（Herrolen and Leus，2004a；Van de Vander et al.，2005，2006）。CC/BM体现的是集中缓冲管理的思想，它用关键链代替传统的关键路径，从全局的角度保护项目按时完工（Goldratt，1997）。分散缓冲管理是将时间缓冲插入各个活动中，旨在吸收不确定性的同时并分散风险（Leus，2003；Herroelen and Leus，2004b）。

但是以上的研究关注的重点是项目的完工性和稳定性，并未涉及项目财务类目标函数-净现值。针对活动工期的不确定性造成的活动拖期，它不仅干扰现金流的支付计划，还会会影响到项目净现值的收益。因此本章将分散缓冲管理运用到项目净现值问题的研究中。首先通过风险管理中的风险识别和风险评估过程找出活动拖期风险造成净现值期望惩罚成本较大的活动，然后设计EPC（Expected Penalty Cost）分散缓冲算法在该活动前插入时间缓冲给予保护，通过反复迭代实现调度计划的净现值期望惩罚成本最小化，尽可能保证活动的现金流支付按原计划执行。为验证该算法的有效性和可行性，在相同的约束条件下，将之与第三章中采用SA算法构建的Max-NPV非鲁棒性调度计划进行了大规模对比分析。

5.2 项目净现值的风险管理

为应对项目执行过程中活动工期的不确定性,本书通过风险管理中的风险识别和风险评估过程找出需要重点关注的活动,然后采用时间缓冲管理策略通过在重点活动前插入时间缓冲降低活动工期的不确定性给项目净现值带来的风险损失,保证活动现金流支付计划的稳健,其中基于时间缓冲的风险管理思想见图 5.1。

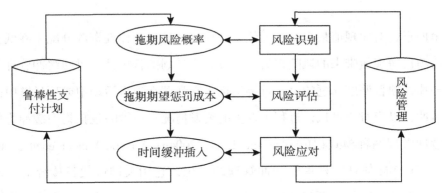

图 5.1 基于时间缓冲的风险管理思想

5.2.1 风险识别

本书第四章通过动态规划方法量化计算了由于紧前活动的干扰(包括资源驱动形成的新工序约束对应的直接和间接紧前活动,即 $i \in pred_j^T \cup succ_j^T$),造成当前活动现金流发生拖期支付的风险概率 $\Pr(s_j^R > s_j^B)$,计算公式如下:

$$\Pr(s_j^R > s_j^B) = \sum_{\forall i:\ (i,\ j) \in T(A \cup A_R)} \Pr'(d_i^R > s_j^B - s_i^B - LPL(i,\ j)) \qquad (5\text{-}1)$$

针对式(5.1)的详细解释见 4.3.1 章节。由于拖期支付风险概率较大的活动不一定会给项目净现值造成严重损失,因此下文需要通过量化计算来评估活动拖期风险对项目净现值产生的影响。

5.2.2 风险评估

4.3.1 小节中采用了净现值期望惩罚成本指标 EPC_j^{NPV} 来衡量资源分配方案的鲁棒性，见式(5-2)。

$$EPC_j^{npv} = MPC_j^{NPV} \times \mathrm{Pr}(s_j^R > s_j^B) \tag{5-2}$$

活动拖期风险除了影响活动自身的现金流支付外，还可以通过项目网络和资源流网络传递给其直接或间接的后续活动。但在 4.3.1 章节中由于资源分配过程中尚未形成完整的资源流网络，在计算边际惩罚成本 MPC_j^{npv} 时，并没有考虑资源驱动形成的新工序约束。因此本章在计算 MPC_j^{npv} 时，活动 j 的现金流权重 cfw_j 定义为活动 j 以及其所有后续活动的正负现金流之和，其中活动 h 是和活动 j 具有工序约束和资源约束关系的所有直接和间接后续活动的集合。改进后的现金流权重 cfw_j' 和边际惩罚成本 $MPC_j'^{NPV}$ 的具体计算见式(5-3)和式(5-4)：

$$cfw_j' = (cf_j^+ + cf_j^-) + \sum_{h \in Rsuc_j \cup Rsuc_j^T} cf_h^+ + cf_h^- \tag{5-3}$$

$$MPC_j'^{NPN} = cfw_j'(1 - e^{-\alpha}) \tag{5-4}$$

改进后的项目净现值期望惩罚成本指标 $EPC_j'^{NPV}$ 的具体计算如下：

$$EPC_j'^{NPV} = MPC_j^{NPV} \times \mathrm{Pr}(s_j^R > s_j^B) \tag{5-5}$$

$EPC_j'^{NPV}$ 指标真正地起到了"瞻前顾后"的作用，在计算活动现金流拖期支付风险 $\mathrm{Pr}(s_j^R > s_j^B)$ 时，造成当前活动拖期的活动不仅包括由工序约束对应的直接和间接紧前活动，还包括由资源驱动而形成的新工序约束对应的所有直接和间接紧前活动 i，即 $i \in \mathrm{Pred}_j \cup \mathrm{Pred}_j^T \cup Rpre_j \cup Rpre_j^T$。针对活动拖期的风险传递性，在计算 $MPC_j'^{NPV}$ 时不仅考虑到了活动自身的净现值会受到拖期风险的影响，还考虑到了拖期风险对活动的所有工序约束和资源驱动形成的新工序约束对应的所有直接和间接的后续活动 $h(h \in Succ_j \cup Succ_j^T \cup Rsuc_j \cup Rsuc_j^T)$ 产生的影响，这使得 $MPC_j'^{NPV}$ 的计算更具有现实意义。

针对第 3 章中的具体项目算例(图 3.3)采用 SA 算法生成的净现值最大化的最优调度计划(见图 3.4)，采用 RRAS 算法进行资源分配，对应的资源分配方案和资源流网络见图 5.2(a)和图 5.2(b)。

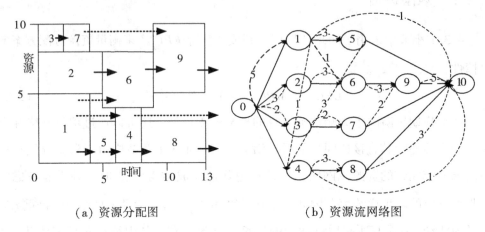

（a）资源分配图　　　　　　　　　　（b）资源流网络图

图 5.2 可行的资源分配方案

根据式(4-3)和式(5-4)分别计算出项目所有活动的净现值边际惩罚成本 MPC_j^{npv} 和 $MPC_j^{'NPV}$ ，具体结果见表 5.1，其中Ⅰ代表没有考虑资源流网络的结果，Ⅱ代表考虑了资源流网络对应的结果。

表 5.1　　　　　　　　　　　项目活动的边际惩罚成本对比

活动序号 j	活动现金流 cf_j	活动的直接和间接紧后活动		现金流权重		活动边际惩罚成本	
		Ⅰ	Ⅱ	Ⅰ	Ⅱ	Ⅰ	Ⅱ
1	20	5, 10	4, 5, 6, 8, 9, 10	32	53	**0.318**	**0.527**
2	16	6, 9, 10	6, 9, 10	34	34	0.338	0.338
3	8	7, 10	7, 9, 10	26	30	**0.259**	**0.299**
4	6	8, 10	8, 10	3	3	0.030	0.030
5	12	10	4, 8, 10	12	15	**0.119**	**0.149**
6	14	9, 10	9, 10	18	18	0.179	0.179
7	18	10	9, 10	18	22	**0.179**	**0.219**
8	-3	10	10	-3	-3	-0.030	-0.030
9	4	10	10	4	4	0.040	0.040

在计算活动的净现值边际惩罚成本 $MPC_j^{\prime NPV}$ 中，与上一章节没有考虑资源流网络的 MPC_j^{npv} 相比，活动 1、活动 3、活动 5 和活动 7 对应的直接和间接紧后活动发生了改变，那么 $MPC_j^{\prime NPV}$ 也相应地发生了改变。

在计算出 $MPC_j^{\prime NPV}$ 和 $\Pr(s_j^R > s_j^B)$ 后，根据式(5-5)可以得出活动的净现值期望惩罚成本 $EPC_j^{\prime NPV}$，以活动 4 和活动 7 为例，图 5.3 显示了风险评估的过程。

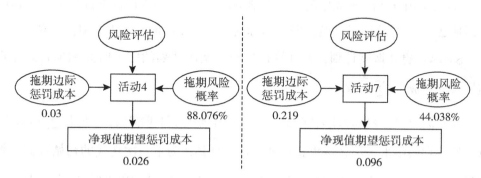

图 5.3　活动 4 和活动 7 的风险评估结果对比

从图 5.3 中可以看出，活动 7 的现金流拖期支付的风险概率虽然只有 44.038%，但该活动发生拖期后给项目净现值带来的边际惩罚成本比较大，而活动 4 的现金流拖期支付的风险概率虽然很高(88.076%)，但由于该活动发生拖期的边际惩罚成本比较小，因此给项目净现值带来的期望惩罚成本并不大。相对于活动 7，活动 4 不需要提前采取风险应对措施。

5.2.3　基于时间缓冲的风险应对

通过以上分析可以看出如果净现值期望惩罚成本较大的活动发生拖期后，会严重影响到其所有后续活动现金流支付计划的执行，给项目净现值带来较大的损失。因此本书采用时间缓冲管理策略并设计 EPC 分散缓冲算法在 $EPC_j^{\prime NPV}$ 较大的活动前插入时间缓冲，来应对活动的拖期风险。该算法采用迭代的方式，首先在 $EPC_j^{\prime NPV}$ 最大的活动前插入一单位时间缓冲，更新调度计划，并进行下一次迭代，直到 $\sum EPC^{\prime NPV}$ 不能再降低为止，实现项目净现值期望惩罚成本最小化。算法具体步骤如下：

Step 1：采用 SA 算法生成净现值最大化的初始调度计划 S_0^B，并采用 RRAS 算法构建一个随机可行的资源流网络 $G'(N, A_R)$。

Step 2：固定资源流网络 G'，计算各个活动的 $EPC_j^{'NPV}$。将活动按 $EPC_j^{'NPV}$ 大小降序排列（$EPC_j^{'NPV}$ 相同时按活动序号升序排列），得到活动列表 $LIST_0$，并计算项目的总净现值期望惩罚成本 $\sum EPC^{'NPV}$。

Step 3：在 $LIST_0$ 列表中的第一个活动即 $EPC_j^{'NPV}$ 最大的活动前插入一单位时间缓冲 Δ_j，同时将该活动及其所有后续活动的开始时间都推迟一时间单位。

Step 4：更新调度计划，并计算该更新后调度计划的完工时间和项目总净现值期望惩罚成本 $\sum EPC^{'NPV}$。

Step 5：如果该更新计划的完工时间不超过截止工期 δ_{n+1}，并且 $\sum EPC^{'NPV}$ 低于原计划的结果，那么该更新计划可行，将其作为下一次迭代的初始计划，然后转 Step 2，继续插入时间缓冲，直到不能再降低 $\sum EPC^{'NPV}$ 为止；否则转 Step 6。

Step 6：移除该活动前的一单位时间缓冲，更新项目各个活动的开始时间。

Step 7：选取 $LIST_0$ 次大的活动，若 $EPC_j^{'NPV} \leqslant 0$，算法终止；否则重复上述迭代步骤，在该活动前插入一单位时间缓冲，进一步减少 $\sum EPC^{'NPV}$，转 Step 4。

通过 EPC 算法可以在项目计划阶段构建出一个考虑了净现值风险损失的鲁棒性调度计划。该调度计划能保证在不确定环境下，通过插入时间缓冲实现项目净现值期望惩罚成本最小化，同时保证活动现金流支付尽可能按原计划执行，以应对项目执行过程中出现的活动拖期风险。

5.3　算例分析

针对 3.3 中的具体项目算例，采用上文设计的 EPC 分散缓冲算法构建鲁棒性调度计划的具体过程如下：

初始化阶段 Stage 0：采用 SA 算法在确定性环境下构建一个净现值最大化的

初始调度计划 $S_0^B = \{0,0,0,0,6,4,5,2,8,9,13\}$。在进行缓冲插入前,假定项目截止工期等于初始调度计划完工时间的 1.3 倍,即 $\delta_{n+1} = \lceil 1.3 \times s_{n+1}^B \rceil = 16$。然后根据迪克拉斯改进算法计算出活动 i 到活动 j 的最长路径 $LPL(i, j)$,下文给出了 $LPL(1, 4)$,$LPL(1, 5)$ 和 $LPL(1, 9)$ 的具体计算过程。

根据项目网络图(见图 3.3)和资源流网络图(见图 5.3(b)),活动 1 到活动 4 的路径只有 $\langle 1, 4 \rangle$ 和 $\langle 1, 5, 4 \rangle$,对应的路径长度,$PL\langle 1, 4 \rangle = 0$,$PL\langle 1, 4, 5 \rangle = E(d_5^B) = 2$,所以 $LPL(1, 4) = \max\{PL\langle 1, 4 \rangle, PL\langle 1, 5, 4 \rangle\} = 2$。活动 1 到活动 5 的路径只有路径 $\langle 1, 5 \rangle$,由于活动 1 是活动 5 的直接紧前活动,所以 $LPL(1, 5) = 0$。活动 1 到活动 9 的路径只有 $\langle 1, 6, 9 \rangle$,对应的路径长度 $PL\langle 1, 9 \rangle = 4$,所以 $LPL(1, 9) = PL\langle 1, 9 \rangle = 4$。表 5.2 给出项目所有活动间的最长路径 $LPL(i, j)$ 的结果,如果 $(i, j) \notin T(A \cup A_R)$,活动 i 到活动 j 就没有相应的路径,对应的 $LPL(i, j)$ 为空白。

表 5.2　　　　　　　　　活动 i 到活动 j 的最长路径 $LPL(i, j)$

$LPL(i, j)$	1	2	3	4	5	6	7	8	9	10
1				2	0	0		4	4	9
2						0			4	8
3							0		2	6
4								0		5
5					0			2		7
6									0	4
7									0	4
8										0
9										0

得出活动间的最长路径 $LPL(i, j)$ 后,计算各个活动的 $EPC_j^{'NPV}$。以活动 6 举例说明 $EPC_j^{'NPV}$ 的具体计算过程。从当前项目网络图和资源流网络图中可以看出,

能给活动 6 现金流支付带来拖期风险的紧前活动有活动 1 和活动 2，那么拖期事件为 $\pi(1, 6)$ 和 $\pi(2, 6)$。依据式 (5-5) 计算活动 6 发生拖期后的 $EPC_6'^{NPV}$，具体计算过程见式 (5-6) 至式 (5-8)：

$$\Pr(\pi(1, 6)) = \Pr'(d_1^R > s_6^B - s_1^B - LPL(1, 6)) = \Pr(d_1^R > 5) = 0.1857$$

(5-6)

$$\Pr(\pi(2, 6)) = \Pr'(d_2^R > s_6^B - s_2^B - LPL(2, 6)) = \Pr(d_2^R > 5) = 0.4404$$

(5-7)

$$EPC_6'^{NPV}\{(1, 6), (2, 6)\} = MPC_6'^{NPV} \times (\Pr(\pi(1, 6)) + \Pr(\pi(2, 6))$$

$$= 0.279 \times (0.1857 + 0.4404) = 0.1121$$

(5-8)

同理可以计算出初始化阶段中其他活动的 $EPC_j'^{NPV}$，具体结果见表 5.3 中的 $Stage\ 0$ 列，从该列的结果还可以得出初始调度计划的总净现值期望惩罚成本 $\sum EPC'^{NPV} = 0.304$。

表 5.3   **EPC 算法的迭代过程**

活动序号 j	Stage0	Stage1	Stage2	Stage3	Stage4	Stage5	Stage5
1	0	0	0	0	0	0	0
2	0	0	0	0	0	0	0
3	0	0	0	0	0	0	0
4	0.026	0.026	0.026	**0.019** ↓	0.019	**0.015** ↓	**0.014** ↓
5	0.066	0.066	0.066	**0.028** ↓	0.028	**0.010** ↓	**0.003** ↓
6	0.112	**0.052** ↓	0.052	0.052	**0.022** ↓	0.022	0.022
7	0.096	0.096	**0.015** ↓	0.015	0.015	0.015	0.015
8	−0.040	−0.040	−0.040	−0.032	−0.032	−0.028	−0.027
9	0.043	**0.029** ↓	**0.012** ↓	0.012	**0.009** ↓	0.009	0.009
$\sum EPC'^{NPV}$	0.304	**0.230** ↓	**0.131** ↓	**0.093** ↓	**0.061** ↓	**0.043** ↓	**0.036** ↓

下面是插入时间缓冲的具体迭代过程，首先将 Stage 0 中项目的所有非虚拟活动按 $EPC_j^{'NPV}$ 从大到小进行排序（$EPC_j^{'NPV}$ 活相同时按活动编号升序排序），得出活动序列 $LIST_0 = \{6,5,7,9,4,3,2,1,8\}$。从 $LIST_0$ 可以看出活动 6 的 $EPC^{'NPV}$ 最大，因此在迭代的 $Stage\ 1$ 阶段，首先在活动 6 前插入一单位时间缓冲保护活动 6 的现金流支付计划不受紧前活动的干扰，并更新调度计划 $S_1^B = \{0,0,0,6,4,6,2,8,10,14\}$。在活动 6 前加入时间缓冲后，活动 6 的 $EPC_j^{'NPV}$ 从 0.112 下降到了 0.052。调度计划的总净现值期望惩罚成本 $\sum EPC^{'NPV}$ 从 0.304 下降到 0.230，并且调度计划的完工时间没有超过截止工期 16。因此该调度计划可行，作为下一迭代过程的初始调度计划。

在迭代的 $Stage\ 2$ 阶段，$LIST_1 = \{7,5,6,9,4,3,2,1,8\}$。在活动 7 前首先加入一单位时间缓冲，更新调度计划，$S_2^B = \{0,0,0,6,4,6,3,8,11,15\}$。活动 7 的 $EPC_j^{'NPV}$ 从 0.096 下降到 0.015，$\sum EPC^{'NPV}(Stage1) = 0.230 < \sum EPC^{'NPV}(Stage2) = 0.131$。调度计划的鲁棒性得到了进一步提升，并且调度计划的完工时间没有超过截止工期。因此该迭代过程得出的调度计划也可行，并作为下一迭代过程的初始调度计划。

同理进入 $Stage\ 3$ 阶段，$LIST_2 = \{5,6,4,7,9,3,2,1,8\}$，活动 5 的前加入一单位缓冲，$S_3^B = \{0,0,0,7,5,6,3,9,11,15\}$。在 $Stage\ 4$ 阶段，活动 6 的前加入一单位缓冲，$S_4^B = \{0,0,0,7,5,7,3,9,12,15\}$。在 $Stage5$ 阶段，活动 5 前插入一单位缓冲，$S_5^B = \{0,0,0,8,6,7,3,10,12,15\}$。在 $Stage6$ 阶段，活动 6 前插入一单位缓冲，$S_6^B = \{0,0,0,9,7,7,3,11,12,16\}$。在随后的迭代过程中，$\sum EPC^{'NPV}$ 不能再进一步降低，算法终止。输出最优调度计划，$S^{B*} = \{0,0,0,7,6,6,3,9,11,15\}$，具见图 5.4，其中阴影部分代表在活动前插入的时间缓冲。通过以上迭代过程，调度计划的 $\sum EPC^{'NPV}$ 从最初的 0.304 下降到了最后的 0.036，这说明通过插入时间缓冲降低净现值的期望惩罚成本，能有效地保护活动现金流支付计划不受工期不确定性的干扰。

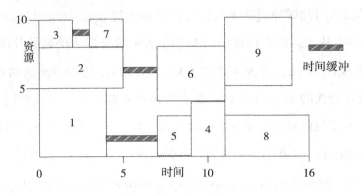

图 5.4　EPC 算法对应的带有时间缓冲的鲁棒性调度计划

5.4　仿真实验

为验证 EPC 分散缓冲算法的有效性和可行性，本书设计了仿真实验，针对帕特森项目算例库中的 110 个项目算例，将采用 EPC 算法构建的有时间缓冲的鲁棒性调度计划与采用 SA 算法构建的无时间缓冲保护的非鲁棒性调度计划进行了对比研究。

帕特森算例库是由 Paerson(1984) 从早期的研究文献中搜集整理了 110 个典型的 RCPSP 实例构建的项目算例库。对于帕特森算例库中的算例，项目网络规模包含 7~50 个活动的项目实例，有三种可更新资源，其中有 4 个项目算例中项目活动只需要一种资源，有 3 个项目算例中项目活动有两种资源，其余 103 个项目算例中项目活动均有三种资源。该项目算例库由 Paerson 首次使用后即在项目调度研究领域得到广泛应用，被称为 Patterson set，已成为 RC PSP 研究方面的标准算例库之一。

5.4.1　仿真实验设置

1. 项目活动时间的概率分布

为模拟项目活动工期的不确定性，假设其服从对数正态分布，每次模拟执行时都按这种概率分布随机给活动分配实际工期 d_j^R。每个调度计划模拟执行 1000 次。在仿真模拟中设定高、中、低三种工期不确定性程度，对应的 σ 分别为 0.3、0.6 和 0.9。

2. 项目执行策略及优先准则

项目执行总体采用并行调度生成机制（PSGS），从前到后在每个时刻点做出各个活动是否执行的决策。项目执行策略采用"时刻表"（Railway）法：即所有活动开始执行时间不得早于原计划的开始时间，该方法能有效地保证项目按原计划进行。在该策略中活动的实际开始时间的计算公式如下：

$$s_j^R = \max\left(s_j^B, \ \Delta_j + \max_{i \in \mathrm{Pred}_j \cup Rpre_j^T} (s_i^R + d_i^R)\right), \ \forall j \in N \tag{5-9}$$

其中 Δ_j 是在活动 j 前插入的时间缓冲大小。实验采用有两种优先准则决定活动执行的先后顺序，优先准则 I：计划开始时间 s_j^B 越接近当前时刻的活动具有优先执行权；优先准则 II：现金流越大的活动 cf_j 具有优先执行权。

3. 项目净现值评价指标

本书采用平均实际净现值、净现值稳定性以及净现值标准偏差三个指标（何正文等，2009，2011）来衡量调度计划仿真执行后项目净现值的绩效水平。平均实际净现值 $\overline{NPV^{real}}$ 为项目库中所有项目算例模拟执行 $M(M = 1000)$ 次后实际净现值的均值，具体计算见式（5-10）：

$$\overline{NPV^{real}} = \sum_{m=1}^{M} \sum_{q=1}^{Q} NPV_q^{real}(m)/(M \times Q) \tag{5-10}$$

其中项目库中第 q 个项目在第 m 次模拟时的实际净现值 $NPV_q^{real}(m)$ 计算公式如下：

$$NPV_q^{real}(m) = \sum_{j=1}^{N} cf_{jq} e^{-\alpha(s_{qj}^R(m) + d_{qj}^R(m))} \tag{5-11}$$

其中 cf_{qj} 为第 q 个项目的第 j 个活动的现金流，$s_{qj}^R(m)$ 为第 q 个项目在第 m 次模拟时活动 j 的实际开始时间，$d_{qj}^R(m)$ 第 q 个项目在第 m 次模拟时活动 j 的实际工期。

项目净现值稳定性指标 RD 定义为：

$$RD = \left[\left(\overline{NPV^{best}} - \overline{NPV^{real}} \right)/NPV^{best} \right] \times 100\% \qquad (5\text{-}12)$$

$$\overline{NPV^{best}} = \sum_{q=1}^{Q} NPV_q^{best}/Q \qquad (5\text{-}13)$$

其中 NPV_q^{best} 是第 q 个项目采用 SA 算法获得的项目净现值满意解，$\overline{NPV^{best}}$ 是项目库中所有项目满意解的平均值，$\overline{NPV^{real}}$ 是所有项目执行 M 次后得到的平均实际净现值，用 $\overline{NPV^{best}}$ 和 $\overline{NPV^{real}}$ 二者的相对偏离程度来衡量项目净现值的稳定性。

采用所有项目模拟执行 M 次后净现值的标准偏差 CV 衡量算法的稳定性，其定义见式(5-14)：

$$CV = \sqrt{\frac{1}{M-1} * \frac{1}{Q-1} \sum_{m=1}^{M} \sum_{q=1}^{q} \left(NPV_q^{real}(m) - \sum_{m=1}^{M} NPV_q^{real}(m)/M \right)} \qquad (5\text{-}14)$$

4. 项目鲁棒性评价指标

Herroelen and Leus(2004)根据完工和计划两方面将鲁棒性调度计划衡量指标划分为"质"鲁棒性和"解"鲁棒性。"质"鲁棒性是指项目按时完工性，又称为完工鲁棒性；"解"鲁棒性是指项目按计划执行的稳定性，又称为计划鲁棒性。本书采用项目平均完工期($\overline{PCP}$)和平均按时完工率($\overline{TPCP}$)作为"质"鲁棒性评价指标。其计算分别见式(5-15)和式(5-16)。

$$\overline{PCP} = \sum_{m=1}^{M} \sum_{q=1}^{Q} s_{q(n+1)}^{R}(m)/(M \times Q) \qquad (5\text{-}15)$$

$$\overline{TPCP} = \sum_{m=1}^{M} \sum_{q=1}^{Q} Num_q(m)/(M \times Q), \ Num_q(m) = \begin{cases} 1, & if \ s_{q(n+1)}^{R}(m) \leqslant \delta_{q(n+1)} \\ 0, & else \end{cases}$$

$$(5\text{-}16)$$

其中 $s_{q(n+1)}^{R}(m)$ 是第 q 个项目在第 m 次模拟时虚拟终点活动的实际开始时间，即项目的实际完工时间。$\delta_{q(n+1)}$ 是第 q 个项目的截止工期。

采用所有项目的各活动的实际开始时间偏离计划开始时间所产生的平均净现值稳定性成本 $\overline{SC^{NPV}}$ 作为"解"鲁棒性衡量指标，计算公式如下：

$$\overline{SC^{NPV}} = \sum_{m=1}^{M} \sum_{q=1}^{Q} \sum_{j=1}^{N} MPC_{qj}^{NPV} E(s_{qj}^{R}(m) - s_{qj}^{B})/(M \times Q) \qquad (5\text{-}17)$$

其中 $s_{qj}^{R}(m)$ 是第 q 个项目在第 m 次模拟时活动 j 的实际开始时间，s_{qj}^{B} 是第 q 个项

目中活动 j 的计划开始时间，MPC_{qj}^{NPV} 是第 q 个项目中活动 j 的边际惩罚成本。

5.4.2 仿真结果分析

1. 不同 σ 下项目净现值指标执行结果对比

在高、中、低三种工期不确定性程度下，采用 SA 算法和 EPC 算法分别构建非鲁棒性调度计划和鲁棒性调度计划的净现值相关指标的统计结果如表 5.4 所示。

表 5.4　　　　　　　　　不同 σ 下净现值指标统计结果

优先准则	净现值指标	$\sigma = 0.3$		$\sigma = 0.6$		$\sigma = 0.9$	
		SA	EPC	SA	EPC	SA	EPC
准则 I s_j^B	$\overline{NPV^{real}}$	379.084	399.389	363.688	387.725	344.152	369.137
	RD	3.179%	0.614%	4.356%	1.897%	6.985%	2.145%
	CV	0.026	0.006	0.063	0.044	0.179	0.124
准则 II cf_j	$\overline{NPV^{real}}$	393.748	406.748	382.669	389.669	364.016	373.016
	RD	2.362%	0.351%	3.542%	0.776%	5.456%	1.739%
	CV	0.031	0.017	0.095	0.078	0.208	0.172

从表 5.4 中可以看出：

(1)不同的 σ 下，采用 EPC 算法获得的带有时间缓冲的的鲁棒性调度计划在项目模拟执行中得出的项目平均实际净现值（$\overline{NPV^{real}}$）、净现值的稳定性（RD）以及净现值的标准偏差（CV）指标的结果都优于 SA 算法构建的非鲁棒性调度计划对应的结果。

(2)采用优先准则 II 下的平均净现值（$\overline{NPV^{real}}$）、净现值的稳定性（RD）的结果优于采用优先准则 I 的结果，但净现值标准偏差（CV）比优先准则 I 下的大，算法的稳定性相对差于准则 I。

(3)随着 σ 的增大，无论采用哪种方法和优先准则，与净现值相关的三个绩效指标的结果都变差，说明工期的不确定性对项目净现值有不利影响。

2. 不同 σ 下项目鲁棒性指标执行结果对比

依据仿真环境的设置，将两种调度计划模拟执行 1000 次后，鲁棒性相关指标统计结果见表 5.5：

表 5.5　　　　　　　　　　不同 σ 下鲁棒性指标统计结果

优先准则	鲁棒性指标		$\sigma = 0.3$		$\sigma = 0.6$		$\sigma = 0.9$	
			SA	EPC	SA	EPC	SA	EPC
准则 I s_j^B	计划鲁棒性	$\overline{SC^{NPV}}$	276.820	148.735	354.152	226.547	454.462	332.045
	质量鲁棒性	$\overline{PCP}$	49.624	47.034	54.616	52.613	59.048	57.604
		$\overline{TPCP}$	52.273%	78.932%	46.562%	53.423%	40.156%	52.478%
准则 II cf_j	计划鲁棒性	$\overline{SC^{NPV}}$	284.983	162.601	239.087	370.231	471.793	344.783
	质量鲁棒性	$\overline{PCP}$	48.818	46.94	52.887	50.78	58.116	55.255
		$\overline{TPCP}$	56.278%	82.378%	50.139%	57.313%	42.198%	54.673%

（1）在不同的 σ 下，采用 EPC 算法获得的带有时间缓冲的鲁棒性调度计划的净现值稳定性成本（$\overline{SC^{NPV}}$）、平均完工时间（$\overline{PCP}$）以及平均按时完工率（$\overline{TPCP}$）这三项指标的结果都优于采用 SA 算法构建的非鲁棒性调度计划对应的结果，这说明 EPC 算法构建的调度计划具有较好的双鲁棒性（"解"鲁棒性和"质"鲁棒性）。

（2）采用优先准则 I 下的项目调度计划的"解"鲁棒性优于准则 II 下的结果，即净现值稳定性成本（$\overline{SC^{NPV}}$）越小；采用优先准则 II 的调度计划的"质"鲁棒性优于准则 I 下的结果，即平均完工时间（$\overline{PCP}$）越短，平均按时完工率（$\overline{TPCP}$）越高。

（3）随着 σ 增大，两种计划的净现值稳定性成本（$\overline{SC^{NPV}}$）变大，平均完工时间（$\overline{PCP}$）增加，平均按时完工率（$\overline{TPCP}$）下降，说明随着活动不确定性程度的增加，项目调度计划的鲁棒性变差。

5.5 本章小结

为应对不确定性环境下项目活动拖期给净现值带来的不利影响，本书提出了 EPC 分散缓冲算法构建抗干扰能力较强的鲁棒性调度计划。该算法通过对净现值期望惩罚成本较大的活动实施缓冲保护，保证项目现金流尽可能按原计划支付。然后给出一具体项目算例详细说明了 EPC 算法的时间缓冲插入的迭代过程。最后针对帕特森项目库中的 110 个项目算例，将 EPC 算法构建的鲁棒性调度计划与采用 SA 算法构建的确定性环境下非鲁棒性调度计划进行了大规模仿真对比研究(两个计划满足相同的约束并具有相同的初始解和完工时间)，得到如下研究结论：

(1)在净现值方面：在仿真执行中，采用 EPC 分散缓冲法构建的鲁棒性调度计划，在项目的平均实际净现值、净现值稳定性以及净现值标准偏差指标的结果上都优于基于 SA 构建的非鲁棒性调度计划对应的结果。这一结论说明在考虑鲁棒性后，项目在执行过程中，应对不确定性因素对项目净现值产生的不利影响的能力大大增强。该结论也验证了本书通过对净现值期望惩罚成本较大的活动前设置时间缓冲以保护其净现值收益的有效性和可行性。

(2)在鲁棒性方面：EPC 分散缓冲相对于 SA 构建了非鲁棒性调度计划，不仅具有相对较高的完工率和较低的平均完工时间，并且净现值的稳定性成本也明显低于 SA 算法对应调度计划执行的结果。这说明采用缓冲管理后，项目调度计划应对风险和不确定性因素的能力增强，能保证项目活动现金流尽可能按原计划支付，降低净现值期望惩罚成本。

(3)在优先准则方面：采用计划开始时间优先准则下的调度计划的鲁棒性优于采用现金流优先准则下的结果，因为该优先准则能更好的保护项目按原计划执行，尽可能减少偏差。但采用现金流优先准则下项目的平均实际净现值和净现值的稳定性指标优于前者，该结论为项目的决策者在项目执行中对项目的稳定性和净现值收益之间做出选择提供了支持。

6 考虑双鲁棒性的项目调度问题净现值研究

6.1 引言

现有的鲁棒性项目调度研究中，大部分都是集中在单目标问题研究上，较少考虑鲁棒性目标和项目绩效指标。针对项目调度计划的鲁棒性有两类衡量指标："质"鲁棒性和"解"鲁棒性，其中前者是指基准调度计划和实际调度计划的偏离程度；后者是指目标函数面对干扰时的不敏感程度，常用的目标函数有项目工期、项目成本等。本书中的第 3 章采用 SA 算法构建了净现值最大化的最优调度计划，第 5 章通过设计 EPC 分散缓冲算法实现了项目净现值总期望惩罚成本最小化，确保现金流支付计划的稳健。但在实践过程中，项目管理者不仅希望获得满意净现值，还希望项目现金流支付计稳健。因此本章根据鲁棒性项目调度中对"质"鲁棒性和"解"鲁棒性的相关定义，从净现值的角度采用净现值 NPV 指标衡量调度计划的"质"鲁棒性，同时采用项目净现值总期望惩罚成本 $\sum EPC^{NPV}$ 指标衡量调度计划的"解"鲁棒性。在以上两个衡量指标的基础上构建了一个考虑双鲁棒性的项目净现值优化模型。该优化模型通过改变时间缓冲插入的位置和时间缓冲的大小来权衡调度计划的"质"鲁棒性和"解"鲁棒性，保证调度计划在获得满意净现值的同时尽可能降低项目的总净现值期望惩罚成本，模型的具体构建思想见图 6.1。

随后本书通过一个具体项目算例说明构建调度计划时同时考虑"解"鲁棒性和"质"鲁棒性的重要性和必要性。然后考虑到 SA 算法和禁忌搜索(Tabu Search，简称 TS)算法的优缺点，利用 SA 算法优化 TS 算法的初始解，提升 TS 算法的搜索空间和搜索效率，并构建了两阶段智能算法解决上述双鲁棒性优化模型。第一

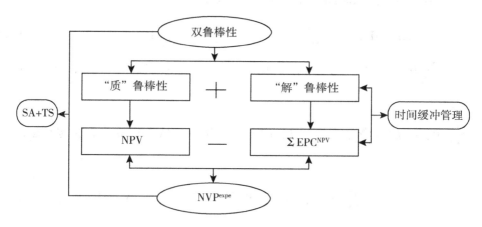

图 6.1 考虑双鲁棒性的净现值优化模型构建思想

阶段通过 SA 算法获得一个模型近似最优解作为第二阶段 TS 算法的初始解;第二阶段采用 TS 算法进一步进行最优解的搜索。最后将两阶段智能算法和其他三种单阶段算法(SA、TS 以及一种迭代改进算法)进行大规模仿真对比实验,从算法的绩效指标和调度计划的鲁棒性两方面验证两阶段算法(SA+TS)的有效性和可行性。

6.2 双鲁棒性净现值优化模型

该模型采用基于活动的研究方法,采用项目网络 G 和资源流网络 G' 集成的节点式网络 $G \cup G'$。活动编号从 0 开始为虚拟起点,代表项目开始,活动 $n+1$ 为虚拟终点,代表项目完工,虚拟活动既不消耗时间也不消耗资源。项目有 n 个实际活动,每个活动的计划工期为 d_j^B,实际工期为 d_j^R。模型中有 k 种可更新的资源,R_k 是该资源的供给量,r_{jk} 是活动 j 对第 k 种资源的需求量,$f(i, j, k)$ 表示由活动 i 流向活动 j 的第 k 种资源的数量。项目要在预定的截止工期 δ_{n+1} 内完成。除虚拟活动外,每个活动都有正负现金流的流入和流出,活动的现金流净值 cf_j 为该活动的正负现金流之和,即 $cf_j = cf_j^+ + cf_j^-$。模型假设现金支付与项目活动相关,现金流发生在活动的结束时刻,α 为折现率。为保证项目具有一定的收益,项目的边际收益率不低于 $\gamma (\gamma \geq 0)$。$\Delta_j (\Delta_j \geq 0)$ 是在活动 j 前插入的时间缓冲大小，虚拟活动前不插入时间缓冲。模型具体表述如下：

$$\text{Max NPV}^{\text{expe}} = \sum_{j=1}^{n} cf_j e^{-\alpha(s_j^B + d_j^B)} - \sum_{j=1}^{n} MPC_j^{NPV} \Pr(s_j^R > s_j^B) \tag{6-1}$$

$$\text{s. t.} \quad \sum_{j \in N} f(i, j, k) = \sum_{j \in N} f(j, i, k) = r_{ik} \quad \forall i \in N \setminus \{0, n+1\}, \quad \forall k \in K \tag{6-2}$$

$$\sum_{j \in N} f(0, j, k) = \sum_{j \in N} f(j, n+1, k) = R_k \quad \forall j \in N \setminus \{0, n+1\} \quad \forall k \in K \tag{6-3}$$

$$\sum_{i \in Rpre_j} f(i, j, k) \leqslant R_k \quad \forall j \in N, \ \forall k \in K \tag{6-4}$$

$$s_j^B = \Delta_j + \max(s_i^B + d_i^B) \quad \forall j \in N \setminus \{0, n+1\} \quad \forall i \in Rpre_j \cup Rpre_j^T \tag{6-5}$$

$$s_j^R = \max(s_j^B, \max(s_i^R + d_i^R)) \quad \forall j \in N \setminus \{0, n+1\} \quad \forall i \in Rpre_j \cup Rpre_j^T \tag{6-6}$$

$$\sum_{j \in N} cf_j^+ + (1 + \gamma) \sum_{j \in N} cf_j^- \geqslant 0 \tag{6-7}$$

$$s_0^R = s_0^B = 0 \tag{6-8}$$

$$s_{n+1}^R \leqslant \delta_{n+1} \tag{6-9}$$

$$s_j^B, \ s_j^R \in N, \ \forall j \in N \tag{6-10}$$

$$f(i, j, k) \in N \quad \forall i, j \in N, \ \forall k \in K \tag{6-11}$$

式(6-1)是项目实现"解"鲁棒性和"质"鲁棒性同时最大化的目标函数，$\sum_{j=1}^{n} cf_j e^{-\alpha(s_j^B + d_j^B)}$ 部分代表项目净现值，$\sum_{j=1}^{n} MPC_j^{NPV} \Pr(s_j^R > s_j^B)$ 部分代表项目净现值总期望惩罚成本，NPV^{expe} 代表项目的期望净现值；式(6-2)定义对任意种资源 k（$k \in K$），流入每个非虚拟活动的第 k 种资源的数量之和等于流出该活动的第 k 种资源数量之和，即为该活动单位时间内对该可更新资源 k 的需求量 r_{jk}；式(6-3)表示从虚拟开始活动 0 流出的任意一类资源 k 的数量之和等于流入虚拟结束活动 $n+1$ 的第 k 种资源的数量之和，即为第 k 种资源单位时间的供给量 R_k；式(6-4)是对可更新资源数量的约束，即单位时间内流入活动 j（$\forall j \in N$）的第 k 种可更新资源的数量不能超过该可更新资源的总供给量 R_k；式(6-5)是对活动 j 的计划开始时间的约束，活动 j 的计划开始时间等于其所有直接和间接紧前活动的最大完工

时间与在活动 j 前插入的时间缓冲大小之和，其中活动 j 的直接和间接紧前活动集合为 $Rpre_j \cup Rpre_j^T$。式(6-6)是对活动 j 的实际开始时间的约束，活动 j 采用"时刻表"执行策略，即活动 j 的实际开始时间 s_j^R 是其所有直接和间接紧前活动的实际最大完工时间和活动 j 的计划开始时间 s_j^B 两者之间的最大值。式(6-7)确保项目的边际收益率不低于 i；式(6-8)确保项目的实际开始时间和计划开始时间都为 0；式(6-9)确保项目的实际完工时间不超过项目既定截止工期 δ_{n+1}；式(6-10)和式(6-11)是对活动的实际开始时间和资源流的完整性约束。

6.3 具体算例

本章给出了一个具体项目算例来说明构建带有时间缓冲的双鲁棒性调度计划的重要性和必要性。该项目采用节点式网络表示，项目网络见图6.2，其中实线箭头代表活动间的工序关系。该项目包含 7 个活动(活动 0 和活动 7 为虚拟活动)，一种资源，资源的可用量为 4。每个活动的计划工期，资源需求量见图6.2。图6.3 是采用随机资源分配算法(RRAS)构建出的一种可行的资源流网络，其中虚线箭头表示资源驱动形成的新工序约束，在该资源流网络图中，只存在一个额外资源弧 $f(2，4，1) = 1$。

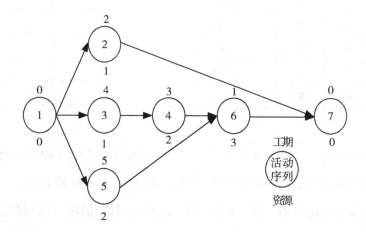

图6.2 项目网络图

95

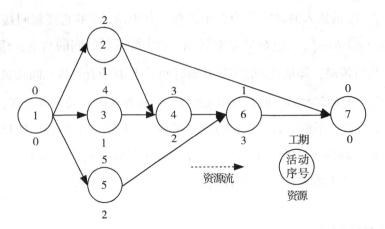

图 6.3 项目资源流网络图

该项目各个活动的现金流 cf_j 见表 6.1，根据第五章中的式(5-3)和式(5-4)计算出各个活动的现金流权重 cfw'_j 和边际期望惩罚成本 MPC'^{NPV}_j 的具体结果见表 6.1。虚拟活动 0 和活动 7 的现金流都为 0，所有活动的现金流满足项目收益率不低于 10%。

表 6.1 活动现金流相关指标

活动序号	cf_j	cfw_j	MPC^{NPV}_j
2	12	12	0.119
3	−17	21	0.209
4	8	38	0.387
5	6	36	0.358
6	30	30	0.299

表 6.2 活动拖期情况

活动序号	拖期时间单位
2	1
3	1
4	0
5	3
6	0

在确定性环境下，图 6.4 中的 S^B_0 是针对该项目构建的无时间缓冲插入的可行的基准调度调度计划，图 6.5 中的 S^B_1 是针对该项目采用 EPC 算法构建的带有时间缓冲的基准调度计划。其中调度计划 S^B_0 和 S^B_1 对应的项目净现值总期望惩罚成本 $\sum EPC^{NPV}$ 分别为 0.48 和 0.348。这表明插入时间缓冲后调度计划的"解"鲁棒性得到了提升。

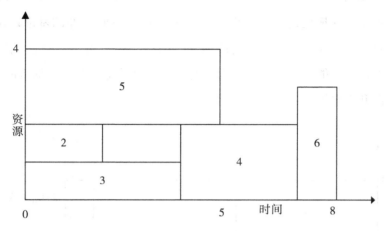

图 6.4 无时间缓冲的基准调度计划 S_0^B

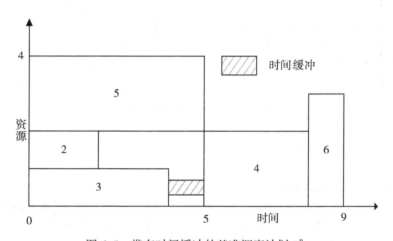

图 6.5 带有时间缓冲的基准调度计划 S_1^B

由于项目在执行过程中会遇到各种不确定性因素，文中假设一些活动由于紧前活动的干扰发生了活动拖期，活动拖期的具体情况见表 6.2。基准调度计划 S_0^B 和 S_1^B 都需要针对活动拖期作出相应的调整，调整后的调度计划 S_0^R 和 S_1^R 分别见图 6.6 和图 6.7。从图 6.6 和图 6.7 中可以看出虽然调整后的调度计划 S_0^R 和 S_1^R 具有相同的完工时间（ $C_t = 9$ ）和相同的项目净现值（ $NPV = 35.816$ ），但是在调度计划 S_0^R 中由于活动 3 的拖期，其后续活动 4 和后续活动 6 都受到了影响，而在调度计划 S_1^R 中所有活动的开始时间相对于基准调度计划 S_1^B 保持不变。这说明在基准

调度计划 S_1^B 的活动 4 前插入的时间缓冲吸收了活动 3 的拖期风险，进而保护了调度计划不受活动拖期的影响。以上结果表明带有时间缓冲的基准调度计划 S_1^B 相对于无时间缓冲保护的基准调度计划 S_0^B 具有较强的"解"鲁棒性，能保护活动现金流的支付尽可能不受工期不确定性的影响，该结论也验证了插入时间缓冲保护的有效性和必要性。

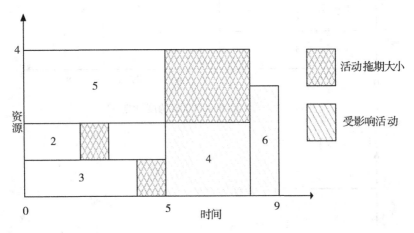

图 6.6　S_0^B 调整后的调度计划 S_0^R

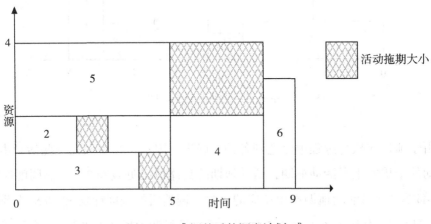

图 6.7　S_1^B 调整后的调度计划 S_1^R

但是时间缓冲管理只考虑了调度计划的"解"鲁棒性，针对同一个调度计划，当项目截止工期发生改变时会同时影响到调度计划的"解"鲁棒性和"质"鲁棒性。

例如图 6.8 和图 6.9 是针对项目截止工期分别为 11 和 10 时采用 EPC 时间缓冲插入算法构建的鲁棒性调度计划 S_2^B 和 S_3^B，其中调度计划 S_2^B 对应的项目净现值 NPV 和净现值期望惩罚成本 $\sum EPC^{NPV}$ 分别为 35.396 和 0.271，调度计划 S_3^B 对应的 NPV 和 $\sum EPC^{NPV}$ 分别为 35.741 和 0.293。从结果可以看出，调度计划 S_2^B 的 "解" 鲁棒性优于调度计划 S_3^B，但调度计划 S_3^B 的"质"鲁棒性优于调度计划 S_2^B，无法判断出哪个调度计划的鲁棒性更强。因此采用上文提出的双鲁棒性衡量指标 NPV^{expe} 衡量调度计划 S_2^B 和 S_3^B 的鲁棒性高低，$NPV^{\text{expe}}(S_2^B) = 35.125 < NPV^{\text{expe}}(S_3^B) = 35.448$，所以相对于调度计划 S_2^B，调度计划 S_3^B 的双鲁棒性较强。

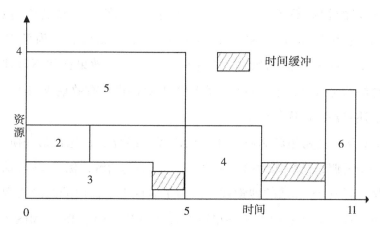

图 6.8 带时间缓冲的基准调度计划 S_2^B

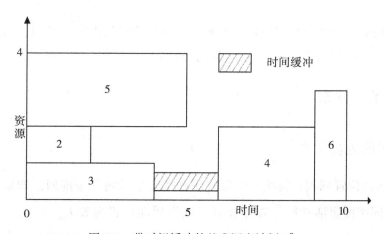

图 6.9 带时间缓冲的基准调度计划 S_3^B

6.4　两阶段智能算法

SA 和 TS 是原理不同的两种智能算法，但二者都能有效地解决 RCPSP 问题（Icmeli and Erenguc，1994；Bouleimen and Lecocq，2003；He et al.，2009；Waligora，2014，2016 等）。SA 算法在搜索过程中以一定的概率接受劣解，从而有效地避免算法陷入局部最优，并且算法的最优解的求得也与初始解状态无关。TS 算法通过禁忌列表机制禁止重复前面的搜索过程，在增大解的搜索空间的同时避免了算法陷入局部最优。但相对于 SA 算法，TS 算法对初始解的要求比较高，质量较好的初始解能使 TS 算法获得质量更高的近似最优解（Baar and Brucker，1997；田贵超等，2006；Lambrechts et al.，2008；徐海涛等，2009）。以往的研究中，TS 算法的初始解大多是随机产生的，效果往往不够理想，因此基于两种算法的优缺点，本书将 SA 算法和 TS 算法进行有效集成构建两阶段智能算法解决上述双鲁棒性优化模型。

由于 SA 算法受初始解影响较小，两阶段智能算法首先在第一阶段采用 SA 算法获得一个近似最优解作为第二阶段 TS 算法的初始解，保证 TS 算法初始解的性能和质量，提升 TS 算法的搜索效率。为了验证本书提出的两阶段智能算法的有效性和可行性，下文采用了三种单阶段优化算法：SA、TS 和 MISS（Multi-start iteration improvement，Mika 等，2008）算法与两阶段智能算法（SA+TS）进行了对比分析。

两阶段算法以及三种单阶段优化算法在具体搜索过程中，采用了相同的解的表现形式、初始解以及目标函数，具体介绍如下。

6.4.1　相同要素

1. 解的表现形式

（1）活动位置列表：将项目中所有活动按开始时间升序排列，如果活动的开始时间相同则按照活动序号降序排列，获得活动位置列表 $L_{posi} = \{L_0, L_1, \cdots, L_n\}$，其中 L_i 代表 L_{posi} 列表中第 i 个位置对应活动。L_{posi} 列表保证了每个活动都在该活动的所有紧前活动之后，同时又在其所有紧后活动之前，因此 L_{posi} 列表中不存在活动工序冲突。

（2）时间缓冲列表：该列表对应 L_{posi} 列表中各个活动插入时间缓冲的大小，时间缓冲列表采用 $B_{posi} = \{B_0, B_1, \cdots, B_n\}$ 表示，其中 B_i 代表 B_{posi} 列表中在第 i 个位置对应的活动时间缓冲大小。

以上算法的可行解都采用 L_{posi} 和 B_{posi} 两个活动列表的集合形式 $\{L_{posi}, B_{posi}\}$ 表示。该活动列表集合可采用扩展的串行调度生成机制通过解码的方式生成一个工序可行、资源可行的调度计划 $S^B = \{s_0, s_1, \cdots, s_n\}$（Kelley，1963），其中图 6.10 是针对解的表现形式的给出的具体例子。

图 6.10　解的表现形式的具体例子

2. 初始解

单阶段的 SA、TS 和 MISS 优化算法和两阶段智能算法中的 SA 算法的初始解都是采用第三章第三节中提出的 SA 算法构建的净现值最大化的非鲁棒性调度计划。

3. 目标函数

针对任意一个邻域解 $S^{neig} = \{s_1^{neig}, s_2^{neig}, \cdots, s_n^{neig}\}$，项目的"质"鲁棒性和"解"鲁棒性的目标函数计算如下：

$$Z_{qual}^{neig} = \sum_{j=1}^{n} cf_j e^{-\alpha(s_j^{neig} + d_j^{neig})} \tag{6-12}$$

$$Z_{stab}^{neig} = \sum_{j=1}^{n} MPC_j^{NPV} \times \Pr(s_j^R > s_j^{neig}) \tag{6-13}$$

101

其中 Z_{qual}^{neig} 和 Z_{stab}^{neig} 分别代表邻域解 S^{neig} 对应的"质"鲁棒性和"解"鲁棒性目标函数值，双鲁棒性目标函数 Z_{comp}^{neig} 定义为：

$$Z_{comp}^{neig} = Z_{qual}^{neig} - Z_{stab}^{neig} = \sum_{j=1}^{n} cf_j e^{-\alpha(s_j^{neig} + d_j^{neig})} - \sum_{j=1}^{n} MPC_j^{NPV} \times \Pr(s_j^R > s_j^{neig}) \quad (6\text{-}14)$$

在两阶段智能算法中，SA 算法和 TS 算法有不同的邻域解的生成机制和求解过程，具体细节如下：

6.4.2 模拟退火

1. 邻域解的生成

针对当前解对应的活动列表集合 $\{L_{posi}^{curr}(SA)，B_{posi}^{curr}(SA)\}$，SA 算法采用三种策略来生成新邻域解，分别为随机替换活动位置策略，改变活动的时间缓冲大小策略以及二者的集成策略，每种邻域解生成策略的具体过程如下：

（1）活动位置替换策略（Activity Position Swap Scheme，简称 APSS）：通过在活动位置列表 $L_{posi}^{curr}(SA)$ 上针对项目活动进行随机的循环移位生成新的邻域解，具体步骤如下：

Step1：在活动列表集合 $\{L_{posi}^{curr}(SA)，B_{posi}^{curr}(SA)\}$ 中随机选取一个活动 A。

Step2：根据当前解对应的活动列表集合 $\{L_{posi}^{curr}(SA)，B_{posi}^{curr}(SA)\}$，找出活动 A 最近的紧前活动 B 和最近的紧后活动 C。

Step3：在活动 B 和活动 C 的位置间随机选取一个活动 D。

Step4：将活动 A 替换到活动 D 的位置，并更新活动列表 $L_{posi}^{curr}(SA)$ 和 B_{posi}^{curr}。

Step5：如果项目的完工时间没有超过项目截止工期，那么生成的新邻域解 $\{L_{posi}^{neig}(SA)，B_{posi}^{neig}(SA)\}$ 可行；否则不可行。

（2）时间缓冲改变策略（Time buffer Change Scheme，简称 TBCS）：通过改变活动时间缓冲的大小来生成新的邻域解，具体步骤如下：

Step1：在活动列表集合 $\{L_{posi}^{curr}(SA)，B_{posi}^{curr}(SA)\}$ 中随机选取一个活动 X。

Step2：根据离散变量 $[-\Delta, +\Delta]$，增加或减少活动 X 的缓冲大小，在每一个迭代过程中，最多会生成 $2\Delta+1$ 个新的邻域解；

Step3：根据在活动 X 前插入的时间缓冲大小 Δ，将活动 X 以及其所有后续活动相应地向前或向后移动，更新活动列表 $L_{posi}^{curr}(SA)$ 和 B_{posi}^{curr}。

Step4：如果项目的完工时间没有超过项目截止工期，那么生成的新邻域解 $\{L_{posi}^{neig}(SA)$，$B_{posi}^{neig}(SA)\}$ 可行；否则不可行。在该迭代过程中，所有可行的邻域解的集合为 $N\{L_{posi}^{neig}(SA)$，$B_{posi}^{neig}(SA)\}$。

Step5：分别计算邻域解集合 $N\{L_{posi}^{neig}(SA)$，$B_{posi}^{neig}(SA)\}$ 中所有可行解的目标函数值 $Z_{qual}^{neig}(SA)$，$Z_{stab}^{neig}(SA)$ 和 $Z_{comp}^{neig}(SA)$，选取 $Z_{comp}^{neig*}(SA)$ 作为该迭代过程中最优邻域解，其中 $Z_{comp}^{neig*}(SA) = \max Z_{comp}^{neig}(SA)$，对应的最优邻域解为 $\{L_{posi}^{neig*}(SA)$，$B_{posi}^{neig*}(SA)\}$。

(3)集成策略(Combined Strategy，简称 CS)：该策略是 APSS 和 TBCS 二者的集成，具体步骤如下：

Step1：在活动列表集合 $\{L_{posi}^{curr}(SA)$，$B_{posi}^{curr}(SA)\}$ 中随机选取一个活动 Y。

Step2：采用 APSS 策略替换活动 Y 的位置，更新活动列表 $L_{posi}^{curr}(SA)$ 和 $B_{posi}^{curr}(SA)$。

Step3：根据 TBCS 策略改变活动 Y 的时间缓冲大小，更新活动列表 $L_{posi}^{curr}(SA)$ 和 $B_{posi}^{curr}(SA)$。

Step4：如果项目的完工时间没有超过项目截止工期，那么生成的新邻域解 $N\{L_{posi}^{neig}(SA)$，$B_{posi}^{neig}(SA)\}$ 可行；否则不可行。在该迭代过程中，所有可行的邻域解的集合为 $N\{L_{posi}^{neig}(SA)$，$B_{posi}^{neig}(SA)\}$。

Step5：分别计算邻域解的集合 $N\{L_{posi}^{neig}(SA)$，$B_{posi}^{neig}(SA)\}$ 中所有可行解的目标函数值 $Z_{qual}^{neig}(SA)$，$Z_{stab}^{neig}(SA)$ 和 $Z_{comp}^{neig}(SA)$，选取 $Z_{comp}^{neig*}(SA)$ 作为该迭代过程中最优邻域解，其中 $Z_{comp}^{neig*}(SA) = \max Z_{comp}^{neig}(SA)$，对应的最优邻域解为 $\{L_{posi}^{neig*}(SA)$，$B_{posi}^{neig*}(SA)\}$。

在每次迭代过程中，本书随机选取以上三种策略中的其中一种为当前解生成新的邻域解 $\{L_{posi}^{neig}(SA)$，$B_{posi}^{neig}(SA)\}$ 或 $\{L_{posi}^{neig*}(SA)$，$B_{posi}^{neig*}(SA)\}$。

2. 控制参数

初始温度：本书通过具体的实验设置初始温度 $T^{init} = 100$，其中 $T^{init} = \Delta NPV^{init}/\ln(\chi^{init})$，$T^{init} = \Delta Z_{comp}^{init}(SA)/\ln(\chi^{init})$，其中 $\Delta Z_{comp}^{init}(SA)$ 是将初始解随机移动 50 次后目标函数值 $Z_{comp}^{init}(SA)$ 的变化幅度，χ^{init} 是可接受的初始解的有效移

动和所有初始解的移动的比率。

冷却机制：为使得算法更具有选择性，根据降温公式逐步降低当前温度，其中 T^{curr}：$=\mu T^{curr}$，冷却速率 μ 在本书中设置为 0.9。

马尔可夫链：马尔可夫链的长度 L 确定了在当前温度下目标函数值 Z_{comp}^{neig} (SA) 的计算次数，其中 $L=10N$，N 是项目的活动个数。

终止准则：当温度达到设定的终止温度阀值 T^{stop} 时，即 $T^{curr} \leqslant T^{stop}$，搜索过程结束，其中终止温度阀值设置为 0.01。

3. 模拟退火算法步骤

Step1：针对净现值最大化的初始调度计划 S^{init}，计算初始调度计划对应的目标函数值 $Z_{comp}^{init}(SA)$；将初始调度计划的活动开始时间转换成 $L_{posi}^{init}(SA)$ 和 $B_{posi}^{init}(SA)$ 的活动列表集合 $\{L_{posi}^{init}(SA)，B_{posi}^{init}(SA)\}$ 作为 SA 算法的初始解。输入初始温度 T^{init}，终止温度 T^{stop}，冷却速率 $\mu(0<\mu<1)$ 以及在每一温度下迭代的次数 N^{num}。

Step2：设置 $L_{posi}^{curr}(SA)$：$=L_{posi}^{init}(SA)$，$L_{posi}^{best}(SA)$：$=L_{posi}^{init}(SA)$，$B_{posi}^{curr}(SA)$：$=B_{posi}^{init}$ (SA)，$B_{posi}^{best}(SA)$：$=B_{posi}^{init}(SA)$，$Z_{comp}^{curr}(SA)$：$=Z_{comp}^{init}(SA)$，$Z_{comp}^{best}(SA)$：$=Z_{comp}^{init}(SA)$，T^{curr}：$=T^{init}$，其中列表集合 $\{L_{posi}^{curr}(SA)，B_{posi}^{curr}(SA)\}$ 和 $\{L_{posi}^{best}(SA)，B_{posi}^{best}(SA)\}$ 分别代表项目的当前解和最优解，$Z_{comp}^{curr}(SA)$ 和 $Z_{comp}^{best}(SA)$ 则代表当前解和最优解对应的双鲁棒性目标函数值。

Step3：在当前温度 T^{curr} 下随机选取一种解的生成策略。若选择 APSS 策略，由当前解随机生成新邻域解 $\{L_{posi}^{neig}(SA)，B_{posi}^{neig}(SA)\}$，如果该邻域解可行，则计算该解对应的目标函数值 $Z_{comp}^{neig}(SA)$，转 Step4；若选择了 TBCS 策略或 CS 策略，选取邻域解集合 $N\{L_{posi}^{neig}(SA)，B_{posi}^{neig}(SA)\}$ 中所有的可行解对应目标函数值 $Z_{comp}^{neig}(SA)$ 最大的邻域解 $\{L_{posi}^{neig*}(SA)，B_{posi}^{neig*}(SA)\}$ 作为最优邻域解，对应目标函数值为 $Z_{comp}^{neig*}(SA)$，然后转 Step5。

Step4：若 $\Delta Z_{comp}^{curr}(SA)=Z_{comp}^{neig}(SA)-Z_{comp}^{curr}(SA)>0$，则接受该邻域解成为当前解，并更新当前解，$L_{posi}^{curr}(SA)$：$=L_{posi}^{neig}(SA)$，$B_{posi}^{curr}(SA)$：$=B_{posi}^{neig}(SA)$，$Z_{comp}^{curr}$ (SA)：$=Z_{comp}^{neig}(SA)$，然后转 Step9；否则转 Step6。

Step5：若 $\Delta Z_{comp}^{curr*}(SA)=Z_{comp}^{neig*}(SA)-Z_{comp}^{curr}(SA)>0$，则接受该邻域解作为当

前解，并更新当前解，$L_{posi}^{curr}(SA)$：$=L_{posi}^{neig\,*}(SA)$，$B_{posi}^{curr}(SA)$：$=B_{posi}^{neig\,*}(SA)$，$Z_{comp}^{curr}(SA)$：$=Z_{comp}^{neig\,*}(SA)$，然后转 Step9；否则转 Step7。

Step6：生成一个在（0，1）之间服从均匀分布的随机数 R_{rand}，如果 $R_{rand}<e^{\Delta Z_{comp}^{curr}(SA)/T^{curr}}$，则按 Metropolis 准则接受该邻域解作为当前解，并更新当前解，$L_{posi}^{curr}(SA)$：$=L_{posi}^{neig}(SA)$，$B_{posi}^{curr}(SA)$：$=B_{posi}^{neig}(SA)$，$Z_{comp}^{curr}(SA)$：$=Z_{comp}^{neig}(SA)$。反之拒绝该邻域解，转 Step8。

Step7：生成一个在（0，1）之间服从均匀分布的随机数 R_{rand}，如果 $R_{rand}<e^{\Delta Z_{comp}^{curr\,*}(SA)/T^{curr}}$，则按 Metropolis 准则接受该邻域解作为当前解，并更新当前解，$L_{posi}^{curr}(SA)$：$=L_{posi}^{neig\,*}(SA)$，$B_{posi}^{curr}(SA)$：$=B_{posi}^{neig\,*}(SA)$，$Z_{comp}^{curr}(SA)$：$=Z_{comp}^{neig\,*}(SA)$。反之拒绝该邻域解，转 Step8。

Step8：$N^{num}=N^{num}+1$，如果 $N^{num}\geqslant 10N$，内循环终止，转 Step9；否则转 Step3。

Step9：将当前温度按冷却速率 μ 下降：T^{curr}：$=\mu T^{curr}$。如果 $T^{curr}\leqslant T^{stop}$，算法终止，输出搜索结果：$L_{posi}^{best}(SA)$，$B_{posi}^{best}(SA)$ 和 $Z_{comp}^{best}(SA)$；否则转 Step3。

6.4.3　禁忌搜索

1. 初始解

将第一阶段 SA 算法中获取的近似最优解作为第二阶段 TS 算法的初始解：$L_{posi}^{init}(TS)$：$=L_{posi}^{best}(SA)$，$B_{posi}^{init}(TS)$：$=B_{posi}^{best}(SA)$，$Z_{comp}^{init}(TS)$：$=Z_{comp}^{best}(SA)$。

2. 邻域解的生成

由于算法的可行解采用了活动列表集合 $\{L_{posi},B_{posi}\}$ 的形式，因此在 TS 算法中通过固定资源流网络，然后改变活动的时间缓冲大小生成新的邻域解（Van de Vander et al., 2008）。该策略不会造成资源冲突和工序冲突，并加速了 TS 算法的搜索过程，具体步骤如下：

Step1：针对活动列表 $B_{posi}^{curr}(TS)$ 上的每一个非虚拟活动 I，在保证其他活动时间缓冲大小不变的前提下，分别增加活动 I 一单位时间缓冲和减少活动 I 一单位时间缓冲，在该迭代过程中最多产生 $2(N-1)$ 个邻域解。

Step2：将活动 I 以及其所有后续活动相应地向前或向后移动一时间单位，更新活动列表 $L_{posi}^{curr}(TS)$ 和 $B_{posi}^{curr}(TS)$。

Step3：针对调整后的所有新邻域解，如果项目的完工时间没有超过项目截止工期，那么生成的新邻域解可行；否则不可行。在该迭代过程中，所有可行的邻域解的集合为 $H\{L_{posi}^{neig}(TS)，B_{posi}^{neig}(TS)\}$。

虽然采用以上步骤生成的所有邻域解不一定都是有效改进，但能保证邻域解的有效性和邻域解变化的平滑性（即当前解与邻域解有不同，但差异性不大），进而保证了 TS 算法的搜索是有序而非随机的。

3. 禁忌列表和"特赦"准则

TS 算法在邻域解的搜索基础中，为避免重复前面解的搜索，算法设置了一个短期循环记忆表-禁忌列表。它用来存储刚进行过的 $[N]$ 次邻域解的移动，其中 $[N]$ 为禁忌列表的长度，N 为项目的活动个数。禁忌列表的主要目的是防止搜索过程陷入循环或局部最优，进而增大搜索空间。禁忌列表中的移动称为禁忌移动，即当邻域解替代当前解后，该邻域解在 $[N]$ 次循环中都是被禁止访问的，$[N]$ 次循环后禁忌解除。禁忌列表采用"先进先出"策略（First in First Out），即最近的一次邻域解移动储存在禁忌列表的末端，而最早的一次移动从禁忌列表中释放出来。

禁忌搜索算法还利用"特赦"准则来激励一些优良状态，当一个禁忌移动在随后的 $[N]$ 次循环中出现，并且该禁忌移动对应的解优于当前迄今为止得到的最优解，那么根据"特赦"准则解禁该移动，将该移动作为下一步迭代的初始解。"特赦"准则能避免遗失优良解，实现全局最优。

4. 终止准则

虽然算法引入了禁忌列表，但 TS 算法仍然可能出现死循环，为保证算法的时间效率，当算法访问解的个数超过了截止次数后，即 $Num > Num^{stop}$，算法终止，输出最优解。

5. 算法步骤

Step1：将 SA 算法中获取的近似最优解设置为 TS 算法的初始解：L_{posi}^{init}

(TS)：$=L_{posi}^{best}(SA)$，$B_{posi}^{init}(TS)$：$=B_{posi}^{best}(SA)$，$Z_{comp}^{init}(TS)$：$=Z_{comp}^{best}(SA)$，并固定初始解对应的资源流网络。

Step2：初始化：$L_{posi}^{curr}(TS)$：$=L_{posi}^{init}(TS)$，$L_{posi}^{best}(TS)$：$=L_{posi}^{init}(TS)$，$B_{posi}^{curr}(TS)$：$=B_{posi}^{init}(TS)$，$B_{posi}^{best}(TS)$：$=B_{posi}^{init}(TS)$，$Z_{comp}^{curr}(TS)$：$=Z_{comp}^{init}(TS)$，$Z_{comp}^{best}(TS)$：$=Z_{comp}^{init}(TS)$，其中活动列表集合 $\{L_{posi}^{curr}(TS)$，$B_{posi}^{curr}(TS)\}$ 和 $\{L_{posi}^{best}(TS)$，$B_{posi}^{best}(TS)\}$ 分别代表采用 TS 算法对应项目的当前解和最优解，$Z_{comp}^{curr}(TS)$ 和 $Z_{comp}^{best}(TS)$ 则代表当前解和最优解对应的双鲁棒性目标函数值。同时设置 $Num=0$，$Num^{neig}=0$。

Step3：根据 TS 算法邻域解生成策略生成新的邻域解，如果邻域解可行，$Num^{neig}=Num^{neig}+1$，所有可行邻域解对应的活动列表集合为：$H\{L_{posi}^{neig}(TS)$，$B_{posi}^{neig}(TS)\}$。

Step4：将 $H\{L_{posi}^{neig}(TS)$，$B_{posi}^{neig}(TS)\}$ 所有可行的邻域解转换成可行的调度计划 $S^{neig}(TS)$，并计算对应的目标函数值 $Z_{comp}^{neig}(TS)$。

Step5：将邻域解对应的所有目标函数值 $Z_{comp}^{neig}(TS)$ 降序排列，第一个目标函数值 $Z_{comp}^{neig*}(TS)$ 最大，即 $Z_{comp}^{neig*}(TS)=\max Z_{comp}^{neig}(TS)$。判断 $Z_{comp}^{neig*}(TS)$ 对应解是否在禁忌列表上，如果在禁忌列表上，转 Step6；否则转 Step7。

Step6：如果 $Z_{comp}^{neig*}(TS)$ 对应的解在禁忌列表上，并且 $Z_{comp}^{neig*}(TS)>Z_{comp}^{best}(TS)$，更新当前解，$L_{posi}^{curr}(TS)$：$=L_{posi}^{neig*}(TS)$，$B_{posi}^{curr}(TS)$：$=B_{posi}^{neig*}(TS)$，$Z_{comp}^{curr}(TS)$：$=Z_{comp}^{neig*}(TS)$。然后将该解从禁忌列表中释放出来，更新当前最优解，$L_{posi}^{best}(TS)$：$=L_{posi}^{curr}(TS)$，$B_{posi}^{best}(TS)$：$=B_{posi}^{curr}(TS)$，$Z_{comp}^{best}(TS)$：$=Z_{comp}^{curr}(TS)$，$Num=Num+Num^{neig}$；否则转 Step8。

Step7：如果 $Z_{comp}^{neig*}(TS)$ 对应的解不在禁忌列表上，设置 $L_{posi}^{curr}(TS)$：$=L_{posi}^{neig*}(TS)$，$B_{posi}^{curr}(TS)$：$=B_{posi}^{neig*}(TS)$，$Z_{comp}^{curr}(TS)$：$=Z_{comp}^{neig*}(TS)$，$Num=Num+Num^{neig}$，并更新禁忌列表。如果 $Z_{comp}^{neig*}(TS)>Z_{comp}^{best}(TS)$，更新当前最优解 $L_{posi}^{best}(TS)$：$=L_{posi}^{neig*}(TS)$，$B_{posi}^{best}(TS)$：$=B_{posi}^{neig*}(TS)$，$Z_{comp}^{best}(TS)$：$=Z_{comp}^{neig*}(TS)$；否则转 Step8。

Step8：如果 $Num>Num^{stop}$，算法终止，输出最优结果：$L_{posi}^{best}(TS)$，$B_{posi}^{best}(TS)$ 和 $Z_{comp}^{best}(TS)$；否则转 Step3。

6.4.4 对比算法

为保证算法对比结果的可靠性，单阶段的 SA 算法和 TS 算法中邻域解的生成策略以及参数的设置都和两阶段算法中对应的 SA 算法和 TS 算法相同。MSII 算法的邻域解的生成策略以及终止准则和 TS 算法保持一致。在 MSII 算法中，相对于当前解，如果邻域解没有得到改进，算法会再随机生成一个可行邻域解进而避免陷入局部最优。当解的访问次数达到 Num^{stop} 时，算法终止，输出最优结果 L_{posi}^{best}（MSII），$B_{posi}^{best}(MSII)$ 和 $Z_{comp}^{best}(MSII)$。

6.5 实验分析

6.5.1 实验设置

为验证两阶段智能算法的有效性和可行性，本节将两阶段算法（SA+TS）与单阶段的 SA 算法和 TS 算法以及 MSII 算法进行了大规模仿真对比实验。为保证结论更具有说服力，本书采用 ProGen 项目生成软件随机生成了 500 个项目算例。在 ProGen 中项目生成的控制参数设置见表 6.3。

表 6.3　　　　　　　　　　　　项目控制参数设置

项目特征参数	参数设置
非虚拟活动个数	10，20，30，40，50
不同非虚拟活动个数下的项目算例数	100
虚拟开始活动和虚拟结束活动的个数	从[1，2，3]中随机选取
每个活动的紧前活动和紧后活动的最大数	4
活动的计划工期(d_j^B)	从[1，10]中随机选取
活动的现金流(cf_j)	从[-100，100]中随机选取
折现率(α)	0.01
可更新资源的种类(K)	3
第1类可更新资源的可用数量(R_1)	10
第2类可更新资源的可用数量(R_2)	8
第3类可更新资源的可用数量(R_3)	5
活动j对第1类可更新资源的需求量(r_{j1})	从[1，10]中随机选取

续表

项目特征参数	参数设置
活动 j 对第 2 类可更新资源的需求量 (r_{j2})	从 $[1, 8]$ 中随机选取
活动 j 对第 3 类可更新资源的需求量 (r_{j3})	从 $[1, 5]$ 中随机选取
项目的截止工期 (δ_n)	$\delta_{n+1} = 1.3 \times s_{n+1}^{init}$

针对 **ProGen** 软件构建的项目算例，本书采用四种算法生成对应的双鲁棒性调度计划，然后在实验设置的仿真环境中模拟执行 $M(M = 100)$ 次验证算法的绩效水平。在第 m 次模拟实验中，项目活动的实际工期 $d_j^R(m)$ 采用对数正态分布函数随机生成，其中正态分布函数对应的 σ 为 0.3。调度计划的初始解采用第三章第三节中提出的 SA 算法构建的非鲁棒性调度计划 S^{init}，项目截止工期 $\delta_{n+1} = 1.3 \times s_{n+1}^{init}$，其中 s_{n+1}^{init} 为初始调度计划的完工时间。项目执行总体采用并行调度生成机制（PSGS），执行策略采用"时刻表"（Railway）法，并用最大现金流优先准则（$\max cf_j$）决定活动执行先后顺序。

实验采用所有项目算例模拟执行 M 次后实际净现值的均值来衡量调度计划的"质"鲁棒性，具体计算见式（6-15）

$$\overline{Z}_{qual} = \sum_{m=1}^{M} \sum_{q=1}^{Q} NPV_q^{real}(m) \Big/ (M \times Q) \tag{6-15}$$

其中项目算例子中第 q 个项目在第 m 次模拟时的实际净现值 $NPV_q^{real}(m)$ 的计算公式如下：

$$NPV_q^{real}(m) = \sum_{j=1}^{N} cf_{jq} e^{-\alpha(s_{qj}^R(m) + d_{qj}^R(m))} \tag{6-16}$$

其中 cf_{qj} 为第 q 个项目的第 j 个活动的现金流净值，$s_{qj}^R(m)$ 为第 q 个项目在第 m 次模拟时活动 j 的实际开始时间，$d_{qj}^R(m)$ 为第 q 个项目在第 m 次模拟时活动 j 的实际工期。

针对项目的"解"鲁棒性，本书采用所有项目的各个活动的实际开始时间偏离计划开始时间所产生的平均净现值稳定性成本来衡量，具体计算见式（6-17）：

$$\overline{Z}_{stab} = \sum_{m=1}^{M} \sum_{q=1}^{Q} \sum_{j=1}^{N} MPC_{qj}^{NPV} E(s_{qj}^R(m) - s_{qj}^B) \Big/ (M \times Q) \tag{6-17}$$

其中 s_{qj}^B 为第 q 个项目的活动 j 的计划开始时间，MPC_{qj}^{NPV} 为第 q 个项目中活动 j 的净现值边际惩罚成本。

所有项目算例的双鲁棒性目标函数的平均值计算如下：

$$\overline{Z}_{comp} = \sum_{m=1}^{M}\sum_{q=1}^{Q}\sum_{j=1}^{N} cf_{jq} e^{-\alpha(s_{qj}^{R}(m)+d_{qj}^{R}(m))}/(M \times Q)$$
$$- \sum_{m=1}^{M}\sum_{q=1}^{Q}\sum_{j=1}^{N} MPC_{qj}^{NPV} E(s_{qj}^{R}(m)-s_{qj}^{B})/(M \times Q)$$

$$(6-18)$$

6.5.2　算法的可行性分析

针对 SA、TS、MISS 以及 SA+TS 这四种算法，本书设计 6 项指标衡量算法的绩效水平，分别为：

$Best\%$：与其他三种算法相比，该算法获得最优解的百分比；

Z_{comp}^{best}：算法获得的最优解对应的目标函数值；

ARD：项目模拟执行 1000 次后，目标函数值 $\overline{Z}_{comp}(m)$ 与 Z_{comp}^{best} 的平均偏差；

MRD：项目模拟执行 1000 次后，目标函数值 $\overline{Z}_{comp}(m)$ 与 Z_{comp}^{best} 的最大偏差；

ACT：算法的平均运行时间；

ACT：算法的最长运行时间；

四种算法的 6 种绩效指标对比结果见表 6.4。

表6.4　　　　　　　　　算法的绩效指标对比分析

$N-1$	算法	$Best(\%)$	Z_{comp}^{best}	$ARD(\%)$	$MRD(\%)$	$ACT(s)$	$MCT(s)$
10	SA	33	59.12	0.33	3.65	4.42	4.88
	TS	16	58.28	0.51	4.98	3.74	3.91
	MSII	11	56.47	0.74	5.42	2.19	2.76
	SA+TS	40	60.85	0.28	1.47	8.97	9.13
20	SA	25	93.66	0.74	4.11	6.81	7.08
	TS	10	91.71	1.67	5.12	4.98	5.32
	MSII	8	87.45	2.26	6.45	3.87	4.43
	SA+TS	57	96.72	0.45	2.83	14.45	14.92

$N-1$	算法	$Best(\%)$	Z_{comp}^{best}	$ARD(\%)$	$MRD(\%)$	$ACT(s)$	$MCT(s)$
30	SA	17	168.57	1.82	4.77	17.06	17.37
	TS	7	159.6	2.54	6.90	12.16	12.38
	MSII	5	152.77	3.08	7.96	8.83	9.02
	SA+TS	71	174.51	1.16	3.48	35.52	35.71
40	SA	11	294.49	2.05	5.43	41.62	42.88
	TS	4	280.65	3.46	6.88	30.75	32.94
	MSII	2	253.92	4.03	7.95	16.19	18.97
	SA+TS	83	310.78	1.48	3.62	93.46	97.27
50	SA	8	422.63	3.31	6.27	57.76	59.35
	TS	3	417.57	4.87	8.15	45.90	46.44
	MSII	2	398.28	5.96	10.11	30.78	33.62
	SA+TS	87	449.49	1.96	3.91	117.67	120.86

从表 6.4 中可以看出除时间绩效指标 ACT 和 MCT 外，SA+TS 两阶段算法的其他四项绩效指标($Best\%$，Z_{comp}^{best}，ARD 和 MRD)的结果都优于单阶段的 SA、TS 和 MSII 算法对应的结果，并且这种优势随着项目规模的增大越来越明显。针对最优解 Z_{comp}^{best} 的情况，表 6.5 中还可以更清晰地看出针对本书随机生成的 500 个项目算例，其中采用 SA、TS 和 MSII 算法获得最优解的平均百分比分别为 18.8%、8% 和 5.6%，而采用本书设计 SA+TS 算法在 500 个算例中有 338 个算例获得了最优解，这远远高于单阶段算法中 $Best(\%)$ 的结果。以上结果验证了相对于单阶段算法 SA、TS 和 MSII，两阶段算法 SA+TS 的有效性。这表明采用 SA 算法为 TS 算法获取性能较高的初始解后能有效地增强 TS 算法获取最优解的能力和质量。

表 6.5　　　500 个项目算例中不同算法的获得最优解的情况

	SA	TS	MSII	SA+TS
最优解个数	94	40	28	338
$Best(\%)$	18.8%	8%	5.6%	67.6%

从表 6.4 中还可以看出，SA 算法的绩效指标结果比 TS 算法对应结果要好，这是因为 SA 算法采用了多种邻域解的生成策略，扩展了解的搜索空间，进而能获得更好的最优解。针对 TS 算法和 MSII 算法，虽然二者采用了相同的邻域解的生成策略和终止准则，但是由于 TS 采用了禁忌列表和"赦免"准则，避免了解的重复访问，提升了算法的搜索效率，而 MSII 算法只是随机地选取可行的邻域解，因此 MSII 算法的相关绩效都比较差。

针对算法的运行时间，从表 6.4 中可以看出，MSII 算法最快，其次是 TS 算法和 SA 算法，SA+TS 算法运行时间最慢。这是由于 MSII 算法整体搜索机制比较简单，不需要花费更多时间去构建禁忌列表或循环移动。相反 SA+TS 算法相对于其他三种算法运行机制最为复杂，需要更多的搜索时间。但 SA+TS 算法的运行时间是在可接受的范围内，因此相对于其他三种算法，综合考虑两阶段智能算法 SA+TS 整体可行。

6.5.3 调度计划的鲁棒性分析

为进一步验证带有时间缓冲的双鲁棒性调度计划的有效性，下文构建了四类最优调度计划（$F1$，$F2$，$F3$ 和 $F4$）进行对比分析，具体定义如下：

$F1$：带有时间缓冲且考虑了双鲁棒性的最优调度计划。

$F2$：无时间缓冲但考虑了双鲁棒性的最优调度计划。

$F3$：带有时间缓冲的只考虑了"解"鲁棒性的最优调度计划（$\min \sum EPC^{NPV}$）。

$F4$：无时间缓冲且只考虑了"质"鲁棒性的最优调度计划（$\max NPV$）。

针对上文随机生成的每个项目算例，分别采用 SA，TS，MSII 和 SA+TS 这四种算法生成以上四类最优调度计划，$F1$，$F2$，$F3$ 和 $F4$，共产生 500×4 个最优调度计划。将获得的所有最优调度计划在上文设置的仿真环境中模拟执行 1000 次，统计调度计划对应的平均目标函数值 $\overline{Z}_{comp}$，$\overline{Z}_{qual}$ 和 $\overline{Z}_{stal}$，具体结果分别见表 6.6 到表 6.10。

表 6.6　　项目非虚拟活动个数为 10 的调度计划的鲁棒性对比结果

	调度计划	算法	$\overline{Z}_{comp}$	$\overline{Z}_{qual}$	$\overline{Z}_{stab}$
复合鲁棒性	$F1$	SA	56.69	63.01	6.32
		TS	55.06	61.74	6.68
		MSII	50.16	58.43	8.27
		SA+TS	58.94	64.87	5.93
	$F2$	SA	48.45	59.42	10.97
		TS	46.41	58.53	12.12
		MSII	40.84	55.59	14.75
		SA+TS	52.02	61.17	9.15
单鲁棒性	$F3$	SA	49.66	54.84	5.18
		TS	50.78	55.15	4.37
		MSII	45.50	52.96	7.46
		SA+TS	53.56	56.99	3.43
	$F4$	SA	42.19	70.48	28.29
		TS	44.02	68.65	24.63
		MSII	34.86	63.51	28.65
		SA+TS	43.06	71.53	28.47

从表 6.6 到表 6.10 可以清晰地看出，针对所有算例构建的四种不同的调度计划，采用本书提出的两阶段智能算法（SA+TS）获得的平均目标函数值 $\overline{Z}_{comp}$，$\overline{Z}_{qual}$ 和 $\overline{Z}_{stal}$ 都优于其他三种算法的结果（SA，TS 和 MSII）。针对相同的算法，和其他三类调度计划相比，调度计划 $F1$ 对应的双鲁棒性目标函数值 $\overline{Z}_{comp}$ 最大，即双鲁棒性最强，并且调度计划 $F1$ 对应的单目标函数值 $\overline{Z}_{qual}$ 和 $\overline{Z}_{stab}$ 分别优于调度计划 $F3$ 和 $F4$ 对应的结果。这是因为调度计划 $F1$ 权衡了调度计划的"解"鲁棒性和"质"鲁棒性，而调度计划 $F3$ 只考虑了"解"鲁棒性，忽略了调度计划的"质"鲁棒性，$F4$ 仅仅考虑了"质"鲁棒性，忽略了调度计划的"解"鲁棒性。并且相对于无缓冲插入的调度计划 $F2$ 和 $F2$，考虑了缓冲插入的调度计划 $F1$ 和 $F3$ 对应的"解"鲁棒性较强，即 $\overline{Z}_{stab}(F1) < \overline{Z}_{stab}(F2)$，$\overline{Z}_{stab}(F3) < \overline{Z}_{stab}(F4)$。

113

表 6.7   项目非虚拟活动个数为 20 的调度计划的鲁棒性对比结果

	调度计划	算法	$\overline{Z}_{comp}$	$\overline{Z}_{qual}$	$\overline{Z}_{stab}$
复合鲁棒性	$F1$	SA	92.50	102.24	9.74
		TS	88.23	98.78	10.55
		MSII	79.18	92.67	13.49
		SA+TS	94.44	103.56	9.12
	$F2$	SA	64.87	90.49	25.62
		TS	71.91	91.31	19.40
		MSII	64.88	87.53	22.65
		SA+TS	69.18	93.77	24.59
单鲁棒性	$F3$	SA	80.87	88.71	7.84
		TS	82.38	89.27	6.8
		MSII	73.16	82.54	9.38
		SA+TS	84.48	90.62	6.14
	$F4$	SA	68.12	107.77	39.65
		TS	64.51	102.32	37.81
		MSII	55.53	96.28	40.75
		SA+TS	68.78	108.92	40.14

从表 6.6 到表 6.10 中还可以看出，最优调度计划 $F3$ 通过插入时间缓冲保护调度计划不受工期不确定性的干扰，但并未考虑调度计划的"质"鲁棒性(项目净现收益)。因此针对相同的算法，和其他三类调度计划相比，$F3$ 对应的 $\overline{Z}_{stab}$ 结果最好，即"解"鲁棒性最强，但 $\overline{Z}_{qual}$ 相对较差。而最优调度计划 $F4$ 只追求项目净现值收益最大化，并没有考虑到调度计划的稳定性，因此针对相同的算法，和其他三类调度计划相比，$F4$ 对应的 $\overline{Z}_{qual}$ 结果最好，即"质"鲁棒性最强，但 $\overline{Z}_{stab}$ 相对较差。虽然调度计划 $F1$ 和 $F2$ 都考虑了双鲁棒性，但是 $F2$ 没有插入时间缓冲，而 $F1$ 通过插入时间缓冲进一步提升了调度计划的"解"鲁棒性。

表 6.8　　　项目非虚拟活动个数为 **30** 的调度计划的鲁棒性对比结果

	调度计划	算法	$\overline{Z}_{comp}$	$\overline{Z}_{qual}$	$\overline{Z}_{stab}$
复合鲁棒性	$F1$	SA	163.18	198.79	35.61
		TS	152.91	191.35	38.44
		MSII	137.57	178.54	40.97
		SA+TS	167.58	202.33	34.75
	$F2$	SA	112.16	172.43	60.27
		TS	114.31	169.71	55.40
		MSII	102.7	160.53	57.83
		SA+TS	119.15	178.68	59.53
单鲁棒性	$F3$	SA	144.64	160.99	16.35
		TS	138.92	158.65	19.73
		MSII	125.47	146.43	20.96
		SA+TS	155.32	168.89	13.57
	$F4$	SA	128.32	227.23	98.91
		TS	127.36	225.85	98.49
		MSII	99.94	206.67	106.73
		SA+TS	129.22	229.54	100.32

表 6.9　　　项目非虚拟活动个数为 **40** 的调度计划的鲁棒性对比结果

	调度计划	算法	$\overline{Z}_{comp}$	$\overline{Z}_{qual}$	$\overline{Z}_{stab}$
复合鲁棒性	$F1$	SA	298.37	358.73	60.36
		TS	272.43	341.76	69.33
		MSII	254.99	328.58	73.59
		SA+TS	306.95	362.77	55.82
	$F2$	SA	200.11	297.56	97.45
		TS	187.81	289.47	101.66
		MSII	176.13	265.55	89.42
		SA+TS	210.53	300.16	89.63

续表

	调度计划	算法	$\overline{Z}_{comp}$	$\overline{Z}_{qual}$	$\overline{Z}_{stab}$
单鲁棒性	F3	SA	251.22	300.71	49.49
		TS	35.44	288.13	52.69
		MSII	200.45	268.34	67.89
		SA+TS	275.76	311.44	35.68
	F4	SA	180.12	372.90	192.78
		TS	169.49	366.66	197.17
		MSII	124.19	324.87	200.68
		SA+TS	182.56	388.88	206.32

表 6.10 项目非虚拟活动个数为 **50** 的调度计划的鲁棒性对比结果

	调度计划	算法	$\overline{Z}_{comp}$	$\overline{Z}_{qual}$	$\overline{Z}_{stab}$
复合鲁棒性	F1	SA	433.94	548.52	114.58
		TS	410.53	532.19	121.66
		MSII	386.84	517.26	130.42
		SA+TS	442.88	555.33	112.45
	F2	SA	378.31	500.77	122.46
		TS	364.88	489.32	124.44
		MSII	339.47	456.36	116.89
		SA+TS	395.77	513.43	117.66
单鲁棒性	F3	SA	423.99	510.54	86.55
		TS	399.09	489.44	90.35
		MSII	358.18	457.83	99.65
		SA+TS	430.27	512.70	82.43
	F4	SA	362.37	588.69	226.32
		TS	366.30	592.52	226.22
		MSII	298.17	543.51	245.34
		SA+TS	369.23	600.55	231.32

6.6 本章小结

本章针对工期具有不确定性的资源受限的项目净现值问题，首先提出项目净现值指标和项目净现值总期望惩罚成本指标分别衡量调度计划的"质"鲁棒性和"解"鲁棒性。然后构建了"质"鲁棒性和"解"鲁棒性最大化的双鲁棒性优化模型，该模型在实现项目净现值收益最大化的同时，保证项目净现值期望惩罚成本最小化。随后通过一个具体算例说明构建带有时间缓冲的双鲁棒性调度计划的重要性。考虑到 SA 算法和 TS 算法的优缺点，本章构建了一个集成 SA 算法和 TS 算法的两阶段智能算法用于求解上述双鲁棒性优化模型。最后通过大规模仿真实验，将两阶段智能算法(SA+TS)和其他三种单阶段算法(SA、TS 和 MSII)从算法的绩效指标和调度计划的鲁棒性两方面进行了对比分析。

实验结果表明：在算法的绩效指标上，除算法的运行时间指标外(平均运行时间和最长运行时间)，本书设计的两阶段智能算法(SA+TS)的其余四项绩效指标(最优解、最优解百分比、解的平均偏离程度和解的最大偏离程度)的结果都优于其他三种单阶段算法(SA，TS 和 MSII)对应的结果，这验证了本书提出的两阶段算法的有效性和可行性。针对调度计划的鲁棒性分析可以得出以下结论：针对所有算例构建的四种不同的最优调度计划($F1$，$F2$，$F3$ 和 $F4$)，采用本书提出的两阶段算法(SA+TS)获得的平均目标函数值 $\overline{Z}_{comp}$，$\overline{Z}_{qual}$ 和 $\overline{Z}_{stal}$ 都优于其他三种算法的结果。并且针对本书构建的双鲁棒性模型，相对其他三种算法，采用 SA+TS 两阶段算法构建出的调度计划具有更强的"解"鲁棒性和"质"鲁棒性，算法在获得满意净现值的同时，也保证了调度计划的稳健。针对单目标的鲁棒性调度计划，例如：只考虑"质"鲁棒性，而忽略了"解"鲁棒性的调度计划 $F4$ 虽然能获得相对满意的项目净现值，但相对于双鲁棒性调度计划，该计划的净现值总期望惩罚成本较大，调度计划不稳定。只考虑"解"鲁棒性，而忽略了"质"鲁棒性的调度计划 $F3$，虽然能保证项目尽可能按原计划执行，但相对于双鲁棒性调度计划，项目净现值收益变差。

7 基于鲁棒性资源分配和时间缓冲集成优化的项目净现值研究

7.1 问题描述

鲁棒性资源分配和时间缓冲管理是解决鲁棒性项目调度问题的两种主要策略（Demeulemeester and Herroelen，2011）。但是针对以上两种策略的研究都是独立展开的，鲁棒性资源分配的研究大多集中在模型的构建和算法的改进上（Deblaeree et al.，2007），而在需要考虑资源流网络的时间缓冲管理的研究中，资源流网络都是随机生成的，并未考虑鲁棒性资源分配（Leus，2003；Van de Vonder et al.，2005，2006）。Van de Vonder 等（2008）也曾指出时间缓冲管理和资源分配有着非常紧密的联系，但他并没有针对该问题展开深入的研究。资源分配是时间缓冲管理的前提，针对同一个调度计划会存在不同的资源分配方案，而不同的资源分配方案对应不同的资源流网络，不同的资源流网络不仅直接影响到缓冲大小的设置和缓冲位置的插入，还会影响到缓冲保护的效果，进而影响到调度计划的鲁棒性。因此选择合理稳定的资源流网络对时间缓冲管理至关重要。

但是本书的第 4 章和第 5 章都是分别采用鲁棒性资源分配策略和时间缓冲管理策略构建相应的鲁棒性调度计划。基于以上研究的不足，本章将鲁棒性资源分配和时间缓冲管理进行集成优化，通过设计三阶段算法来构建鲁棒性调度计划，保证活动现金流支付的稳健。第一阶段采用第三章设计的 SA 算法构建净现值最大化的初始调度计划；第二阶段针对第一阶段构建的初始调度计划采用第四章设计的 MEPC 鲁棒性资源分配算法生成合理稳定的资源流网络，为第三阶段的时间缓冲插入做准备；第三阶段首先固定第二阶段生成的资源流网络，然后采用第 5

章设计的 EPC 时间缓冲插入算法进一步提升调度计划的鲁棒性。

下文首先给出了一个项目算例来具体说明针对同一个调度计划采用不同的资源分配方案对缓冲插入的位置、缓冲插入的大小以及缓冲保护的效果产生的影响。然后设计了三阶段集成优化算法(SA+MEPC+EPC)构建鲁棒性调度计划。最后设计了集成优化机制并构建了 32 种集成优化算法,通过大规模仿真实验验证了本书提出的集成优化算法(SA+MEPC+EPC)的有效性和可行性。

7.2 资源流网络对时间缓冲设置的影响分析

本节继续采用第三章给出的具体算例来说明资源流网络对时间缓冲插入产生的影响。首先针对图 3.3 中的具体项目,采用 SA 算法构建出净现值最大化的初始调度计划,见图 3.4。针对图 3.4 中调度计划会存在多种可行的资源分配方案,而不同的资源分配方案会对应不同的资源流网络,给出了两种随机可行的资源分配方案,具体见图 4.1 和图 4.2,其中图 4.1(a)和图 4.1(b)是随机资源分配方案 I 以及该方案对应的资源流网络图,图 4.2(a)和图 4.2(b)是随机资源分配方案 II 以及该方案对应的资源流网络图。图 4.1 和图 4.2 中两种资源分配方案对应的项目净现值的总期望惩罚成本 $\sum EPC^{NPV}$ 分别为 0.304 和 0.967,这说明相对于随机资源分配方案 II,随机资源分配方案 I 对应的资源流网络更稳定,调度计划的鲁棒性更强。

针对图 4.1 和图 4.2 中的两种随机可行的资源分配方案,采用 EPC 算法进行时间缓冲插入,生成的带有时间缓冲的调度计划分别见图 7.1 和图 7.2。从图 7.1 和图 7.2 中可以看出,针对同一个初始调度计划(见图 3.4)进行时间缓冲插入后,由于资源流网络的不同,项目活动的缓冲大小的设置和缓冲位置的插入也是不同的。例如在调度计划 S^I_{buff} 中,在活动5、活动6、活动7前插入的时间缓冲大小分别为3、2、1个时间单位,而在调度计划 S^{II}_{buff} 中,在活动4、活动5、活动6、活动7和活动9前插入的时间缓冲大小分别为1、2、1、2、1个时间单位。并且调度计划 S^I_{buff} 和 S^{II}_{buff} 对应的项目净现值的总期望惩罚成本 $\sum EPC^{NPV}$ 分别为 0.036 和 0.467。从结果中可以看出:与无时间缓冲插入的调度计划相比,插入时间缓冲后能降低项目的总期望惩罚成本 $\sum EPC^{NPV}$,提升调度计划的鲁棒性。

但是资源流网络的不同影响到了时间缓冲保护的效果。相对于随机可行的资源分配方案Ⅱ，采用随机可行的资源分配方案Ⅰ对应资源流网络进行时间缓冲插入后项目净现值的总期望惩罚成本更低，调度计划鲁棒性更强。以上的结果说明构建稳定合理的资源流网络对时间缓冲插入至关重要，因此下文采用第四章设计的MEPC鲁棒性资源分配算法为缓冲插入提供更加稳定的资源流网络。

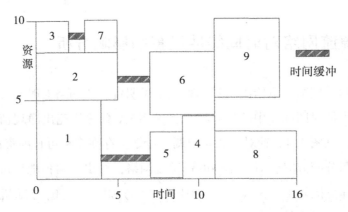

图 7.1　随机可行的资源分配方案Ⅰ对应的缓冲调度计划 S_{buff}^{I}

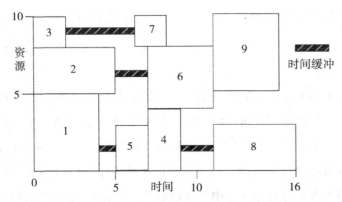

图 7.2　随机可行的资源分配方案Ⅱ对应的缓冲调度计划 S_{buff}^{II}

7.3　三阶段净现值集成优化算法

在时间缓冲插入时，为获得稳定的资源流网络保证时间缓冲设置的大小和插入的位置更加合理有效，本书设计了资源流网络和时间缓冲管理集成优化的三阶段算法。第一阶段采用 SA 算法构建净现值最大化的初始调度计划；第二阶段采用 MEPC 鲁棒性资源分配算法构建合理稳定的资源流网络；第三阶段首先固定第二阶段生成的资源流网络，然后采用 EPC 时间缓冲插入算法进行时间缓冲插入进一步提升调度计划的鲁棒性，三阶段集成算法的流程图见图 7.3。

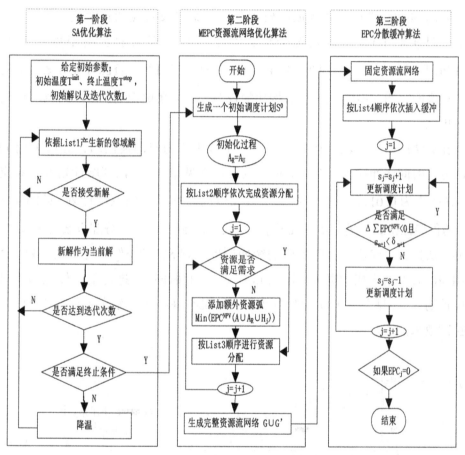

图 7.3 三阶段集成优化算法流程图

在三阶段集成优化算法的流程图中，四个活动列表的具体含义如下：

List1：按活动开始时间升序排列构建的活动列表，在该列表的基础上为 SA 算法生成新的邻域解。

List2：是针对 SA 算法构建的净现值最大化的初始调度计划，按活动开始时间升序排列构建的活动列表，该列表决定了活动资源分配的先后顺序。

List3：将当前时刻为活动 j 提供资源的所有活动按六种优先准则进行排序后得到的活动列表，该列表决定了为活动 j 提供资源的活动的先后顺序。

List4：当前时刻将项目活动按净现值期望惩罚成本 EPC_j^{NPV} 从大到小进行排列，EPC_j^{NPV} 越大的活动优先插入时间缓冲。

针对上文给出的具体算例，针对 SA 算法构建的净现值最大化的初始调度计划，采用 MEPC 优化算法生成的资源分配方案以及对应的资源流网络见图 4.4（a）和图 4.4（b）。在该资源分配方案下项目净现值的总期望惩罚成本为 $\sum EPC^{NPV} = 0.135$，低于图 4.1 和图 4.2 两种随机可行的资源分配方案对应的结果。这说明采用 MEPC 优化算法构建的资源分配方案更稳定，对应的调度计划鲁棒性更强。

在算法的第三阶段，首先固定第二阶段生成的资源流网络，然后采用 EPC 算法进行时间缓冲插入，对应的缓冲调度计划见图 7.4。该调度计划 S_{buff}^* 对应的 $\sum EPC^{NPV}$ 为 0.011，相对于第二阶段无时间缓冲插入的调度计划（见图 4.4），S_{buff}^* 的鲁棒性得到了进一步的提升。相对于两种随机的资源分配方案与 EPC 时间缓冲算法进行集成优化对应生成的缓冲调度计划 S_{buff}^I 和 S_{buff}^{II}（见图 7.1 和 7.2），采用 MEPC 算法生成的资源流网络和 EPC 时间缓冲算法进行集成优化构建出的调度计划 S_{buff}^*（见图 7.4)的鲁棒性更强，这说明鲁棒性资源分配能提升时间缓冲保护的效果。

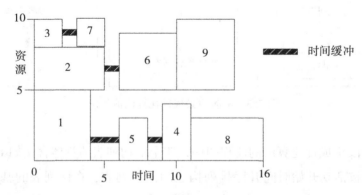

图 7.4　MEPC 算法资源分配方案对应的时间缓冲调度计划 S_{buff}^*

7.4 仿真实验对比分析

7.4.1 集成优化机制

为进一步验证三阶段集成优化算法(SA+MEPC+EPC)的有效性和可行性以及初始调度计划、资源分配和缓冲插入对调度计划产生的影响,本书设计了集成优化机制。该机制包括策略选择、算法选择空间以及集成优化流程三方面,具体见图7.5。其中集成优化流程划分为四个阶段,第一阶段是生成一个满足工序约束和资源约束的初始调度计划;第二阶段是针对初始调度计划进行资源分配,构建资源流网络;第三阶段通过固定第二阶段生成的资源流网络,然后利用时间缓冲管理构建抗干扰能力较强的基准调度计划,使其免受项目执行过程中工期不确定性的干扰。最后是模拟仿真阶段,通过设置项目仿真环境,模拟项目的实际执行情况。当项目在实际执行过程中与基准计划发生偏离时通过执行策略以及优选准则的选择对调度计划进行修复,并收集项目的平均绩效指标。针对以上四个阶段,集成优化机制有四种策略选择,分别为初始调度计划算法的选择(τ)、资源分配算法的选择(ν)、缓冲插入算法的选择(ϕ)以及反应策略中优先准则的选择(χ),给定一种集成优化策略 X 对应的选择策略为 $|\tau_X|\nu_X|\phi_X|\chi_X|$。针对每种策略,从鲁棒性和非鲁棒性两个角度设计了对应的算法,构建了算法的选择空间,具体如下:

(1)初始调度计划(τ)

不论是资源分配还是缓冲插入,都需要一个初始调度计划,并且不同的初始调度计划的质量会直接影响资源分配和缓冲插入的效果。实验采用两种算法来获得初始调度计划。第一种算法采用并行调度生成机制生成一个可行的非鲁棒性的调度计划,其中 $\tau_1 = PSGS$。第二种算法采用第三章设计的SA算法获得一个项目净现值最大化的鲁棒性调度计划,其中 $\tau_2 = SA$。

(2)资源分配(ν)

在资源分配算法的选择空间中,采用第四章中设计的四种资源分配算法:RRAS、D-RRAS、D-MABO 和 MEPC。以上四种算法划分为两种类型:鲁棒性资

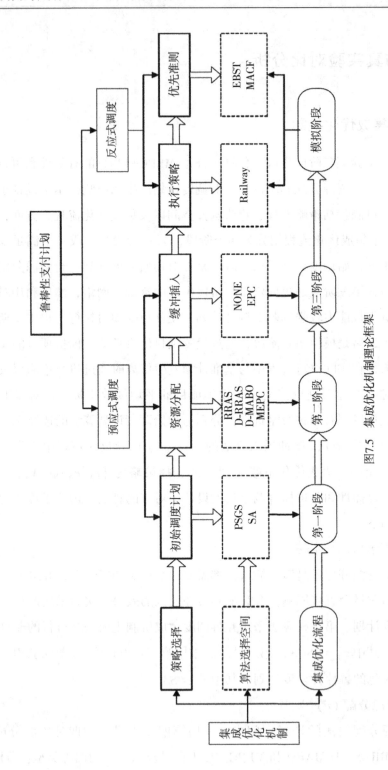

图7.5 集成优化机制理论框架

源分配算法和非鲁棒性资源分配算法，其中鲁棒性资源分配算法为 D-MABO 算法和 MEPC 算法，非鲁棒性资源分配算法为 RRAS 和 D-RRAS 算法。

（3）缓冲插入（ϕ）

在时间缓冲插入算法选择中，第一种是无时间缓冲插入，即 $\phi_1 = NONE$；第二种是采用第五章设计的 EPC 时间缓冲算法，即 $\phi_2 = EPC$。

（4）优先准则（χ）

项目在模拟执行过程中，项目执行总体采用并行调度生成机制，从前到后在每个时刻点做出各个活动是否执行的决策。项目执行策略采用"时刻表"（Railway）法：即所有活动开始执行时间不得早于原计划的开始时间，（Van de Vander et al.，2008），该方法能有效的保证项目按原计划执行，确保调度计划的稳健。针对当前时刻所有可执行的活动集，采用两种优先准则决定活动执行的先后顺序。优先准则 I：活动计划开始时间（s_j^B）越接近当前时刻的活动具有优先执行权，即 min $\left| s_j^R - s_j^B \right|$，对应优先准则 $\chi_1 = EBST$；优先准则 II：现金流越大的活动（cf_j）具有优先执行权，即 max cf_j，对应优先准则为 $\chi_2 = MACF$。

将上文构建初始调度计划算法的选择（τ）、资源分配算法的选择（ν）、缓冲插入算法的选择（ϕ）以及反应策略中优先准则的选择（χ）对应的算法选择空间进行组合，可以产生 $2 \times 4 \times 2 \times 2$ 种集成优化策略 $|\tau_\chi|\nu_\chi|\phi_\chi|\chi_\chi|$，对应的 32 种集成优化算法，具体见表 7.1。

表 7.1　　　　　　　　　　集成优化组合算法

算法组合序号	集成优化策略			
	τ	ν	ϕ	χ
1	PSGS	RRAS	NONE	EBST
2	PSGS	RRAS	NONE	MACF
3	PSGS	RRAS	EPC	EBST
4	PSGS	RRAS	EPC	MACF
5	PSGS	D-RRAS	NONE	EBST
6	PSGS	D-RRAS	NONE	MACF
7	PSGS	D-RRAS	EPC	EBST

算法组合序号	集成优化策略			
	τ	ν	ϕ	χ
8	PSGS	D-RRAS	EPC	MACF
9	PSGS	D-MABO	NONE	EBST
10	PSGS	D-MABO	NONE	MACF
11	PSGS	D-MABO	EPC	EBST
12	PSGS	D-MABO	EPC	MACF
13	PSGS	MEPC	NONE	EBST
14	PSGS	MEPC	NONE	MACF
15	PSGS	MEPC	EPC	EBST
16	PSGS	MEPC	EPC	MACF
17	SA	RRAS	NONE	EBST
18	SA	RRAS	NONE	MACF
19	SA	RRAS	EPC	EBST
20	SA	RRAS	EPC	MACF
21	SA	D-RRAS	NONE	EBST
22	SA	D-RRAS	NONE	MACF
23	SA	D-RRAS	EPC	EBST
24	SA	D-RRAS	EPC	MACF
25	SA	D-MABO	NONE	EBST
26	SA	D-MABO	NONE	MACF
27	SA	D-MABO	EPC	EBST
28	SA	D-MABO	EPC	MACF
29	SA	MEPC	NONE	EBST
30	SA	MEPC	NONE	MACF
31	SA	MEPC	EPC	EBST
32	SA	MEPC	EPC	MACF

7.4.2 仿真环境设置

针对以上 32 种集成优化组合算法，本书采用帕特森项目库中的 110 个项目算例进行大规模仿真对比实验。针对项目库中的每个项目算例，都采用 32 种集成优化算法构建相应的最优调度计划，共产生 110×32 个项目调度计划，针对每个调度计划在下文设置的仿真环境中模拟执行 M（$M = 1000$）次，收集项目的平均绩效指标。

在仿真实验中，假设活动工期服从对数正太分布，并设定高、中、低三种工期的不确定性，对应的 σ 分别为 0.3、0.6 和 0.9。针对每个算例模型执行 1000 次，每次随机生成的实际工期为 $d_j^R(m)$。截止工期 δ_{n+1} 为初始调度计划工期的 1.3 倍。假设活动的现金流 cf_j 服从三角分布，并且正负现金流满足项目收益率不低于 10%。

仿真实验采用所有活动的实际开始时间偏离计划开始时间所产生的净现值稳定性成本 SC^{NPV} 指标衡量调度计划的"解"鲁棒性，具体计算见式(4-39)。采用平均实际净现值 NPV^{real} 指标来衡量调度计划的"质"鲁棒性，具体计算见式(4-41)。

7.4.3 结果分析

32 种集成优化算法构建的调度计划的"解"鲁棒性和"质"鲁棒性的具体统计结果见表 7.2 和表 7.3，从表 7.2 和表 7.3 中可以看出：

(1)随着 σ 的增加，所有调度计划对应的项目平均实际净现值 NPV^{real} 越来越小，净现值稳定性成本 SC^{NPV} 越来越大，这说明工期的不确定性会造成项目调度计划偏离基准调度计划，项目净现值受损。

(2)当 σ 相同时，采用〈SA，MEPC，EPC，EBST〉策略对应的集成优化算法构建的调度计划的项目稳定性成本最小。该策略的具体含义是采用 SA 算法构建项目净现值最大化的初始调度计划，首先针对该调度计划采用 MEPC 鲁棒性资源分配算法构建合理稳定的资源流网络，然后固定该资源流网络，采用 EPC 算法构建带有时间缓冲的鲁棒性调度计划，最后采用开始时间最接近当前时刻的 EBST 优先准则来模拟仿真调度计划的实际执行情况。采用〈SA，MEPC，EPC，MACF〉策略对应的集成优化算法构建的调度计划的平均实际净现值最大，该集成优化策略与〈SA，MEPC，EPC，EBST〉相比，只是在项目执行过程中优先准则的选择上有所不同，〈SA，MEPC，EPC，MACF〉策略中选择的优先准则是活动现金流最大化的 MACF 准则。

(3)针对集成优化策略中的初始调度计划，当采用相同的资源分配算法、缓冲插入算法和优先准则时，采用 SA 算法构建的项目净现值最大化的初始调度计划对应的后续调度计划的"解"鲁棒性和"质"鲁棒性比采用并行调度生成机制构建的可行的初始调度计划对应后续计划的鲁棒性"解"鲁棒性和"质"鲁棒性要强。这说明初始调度计划的选择会影响到后续的资源的分配、缓冲插入以及项目的模拟执行，因此构建一个质量较高的初始调度计划至关重要。

(4)针对集成优化策略中的资源分配算法的选择，当不考虑时间缓冲插入时，针对相同的初始调度计划和相同的优先准则，采用 *MEPC* 鲁棒性资源分配算法对应的调度计划的鲁棒性最强，随后是 *D-MABO* 鲁棒性资源分配算法、改进的随机资源分配算法 *D-RRAS*，随机资源分配算法 *RRAS*。这说明相对于在资源分配过程中不考虑鲁棒性的 *RRAS* 和 *D-RRAS* 算法，*MEPC* 和 *D-MABO* 鲁棒性资源分配算法能通过合理有效的资源分配提升调度计划的鲁棒性，并且 *MEPC* 算法更为有效。

(5)针对集成优化策略中的是否进行缓冲插入，从表7.2和表7.3中可以看出，无论初始调度计划和资源分配算法如何选择，采用 *EPC* 算法构建的带有时间缓冲的调度计划的"解"鲁棒性和"质"鲁棒性都优于无时间缓冲 (*NONE*) 保护的调度计划对应的结果。这说明插入时间缓冲可以保护调度计划不受工期不确定性的干扰，提升调度计划的鲁棒性。针对相同的初始调度计划，相对于其他三种资源分配算法，采用 *MEPC* 算法和 *EPC* 算法进行集成优化构建的调度计划的鲁棒性最强，这说明合理稳定的资源流网络能保证时间缓冲大小的设置和位置的插入更加合理有效。

(6)针对集成优化策略中优先准则的选择，从表7.2和表7.3中可以看出，当初始调度计划、资源分配算法和时间缓冲算法相同时，采用 *EBST* 优先准则对应的调度计划的"解"鲁棒性更强，采用 *MACF* 优先准则对应调度计划的"质"鲁棒性更强，但优先准则的选择对调度计划的鲁棒性整体影响不大。

表 7.2   集成优化组合算法对应的"解"鲁棒性结果

算法组合序号	集成优化策略				SC^{NPV}			
					不确定性程度			平均值
	τ	ν	ϕ	χ	$\sigma = 0.3$	$\sigma = 0.6$	$\sigma = 0.9$	
1	PSGS	RRAS	NONE	EBST	288.107	366.745	493.392	382.748
2	PSGS	RRAS	NONE	MACF	304.983	388.231	508.793	400.669
3	PSGS	RRAS	EPC	EBST	156.564	238.803	354.564	249.977
4	PSGS	RRAS	EPC	MACF	167.564	249.663	363.894	260.374
5	PSGS	D-RRAS	NONE	EBST	280.361	334.374	441.386	352.040
6	PSGS	D-RRAS	NONE	MACF	298.516	343.369	435.547	359.144
7	PSGS	D-RRAS	EPC	EBST	129.718	202.860	313.912	215.497
8	PSGS	D-RRAS	EPC	MACF	135.784	214.694	345.841	232.106
9	PSGS	D-MABO	NONE	EBST	253.944	299.838	406.801	320.194
10	PSGS	D-MABO	NONE	MACF	262.415	309.775	420.787	330.992
11	PSGS	D-MABO	EPC	EBST	103.177	151.739	228.605	161.174
12	PSGS	D-MABO	EPC	MACF	108.894	171.252	249.598	176.581
13	PSGS	MEPC	NONE	EBST	202.552	273.438	370.621	282.204
14	PSGS	MEPC	NONE	MACF	227.432	290.181	382.465	300.026
15	PSGS	MEPC	EPC	EBST	73.944	112.784	167.584	118.104
16	PSGS	MEPC	EPC	MACF	96.955	127.568	178.892	134.471
17	SA	RRAS	NONE	EBST	276.820	354.152	454.462	361.811
18	SA	RRAS	NONE	MACF	284.983	370.231	471.793	375.669
19	SA	RRAS	EPC	EBST	148.735	226.547	332.045	235.776
20	SA	RRAS	EPC	MACF	162.601	239.087	344.783	248.824
21	SA	D-RRAS	NONE	EBST	257.477	329.395	446.092	344.321
22	SA	D-RRAS	NONE	MACF	277.516	343.369	475.547	365.478
23	SA	D-RRAS	EPC	EBST	117.465	178.969	265.106	187.180
24	SA	D-RRAS	EPC	MACF	124.983	195.231	282.793	201.002
25	SA	D-MABO	NONE	EBST	228.337	285.992	397.003	303.777
26	SA	D-MABO	NONE	MACF	242.955	297.568	398.892	313.138

续表

算法组合序号	集成优化策略				SC^{NPV}			
					不确定性程度			平均值
	τ	ν	ϕ	χ	$\sigma = 0.3$	$\sigma = 0.6$	$\sigma = 0.9$	
27	SA	D-MABO	EPC	EBST	88.888	124.784	184.874	132.849
28	SA	D-MABO	EPC	MACF	97.516	143.369	205.547	148.811
29	SA	MEPC	NONE	EBST	189.019	254.509	369.724	271.084
30	SA	MEPC	NONE	MACF	203.315	278.345	384.106	288.589
31	SA	MEPC	EPC	EBST	64.552	107.690	148.073	106.772
32	SA	MEPC	EPC	MACF	88.315	118.345	154.106	120.256

表 7.3　　　　　　　　　集成优化组合算法对应的"质"鲁棒性结果

算法组合序号	集成优化策略				NPV^{real}			
					不确定性程度			平均值
	τ	ν	ϕ	χ	$\sigma = 0.3$	$\sigma = 0.6$	$\sigma = 0.9$	
1	PSGS	RRAS	NONE	EBST	363.836	356.476	338.782	353.031
2	PSGS	RRAS	NONE	MACF	371.096	363.688	347.449	360.744
3	PSGS	RRAS	EPC	EBST	378.379	361.270	354.246	364.631
4	PSGS	RRAS	EPC	MACF	385.096	373.688	362.449	373.744
5	PSGS	D-RRAS	NONE	EBST	378.170	369.064	344.894	364.043
6	PSGS	D-RRAS	NONE	MACF	387.764	372.050	359.911	373.241
7	PSGS	D-RRAS	EPC	EBST	389.968	374.714	366.511	377.064
8	PSGS	D-RRAS	EPC	MACF	397.764	385.050	374.911	385.908
9	PSGS	D-MABO	NONE	EBST	390.019	376.256	358.741	375.005
10	PSGS	D-MABO	NONE	MACF	398.361	385.174	368.898	384.144
11	PSGS	D-MABO	EPC	EBST	399.110	385.101	374.511	386.241
12	PSGS	D-MABO	EPC	MACF	402.361	391.174	385.898	393.144
13	PSGS	MEPC	NONE	EBST	397.352	389.256	372.266	386.292
14	PSGS	MEPC	NONE	MACF	402.224	394.174	379.349	391.916
15	PSGS	MEPC	EPC	EBST	405.994	399.066	383.735	396.265

续表

算法组合序号	集成优化策略				NPV^{real}			
					不确定性程度			平均值
	τ	ν	ϕ	χ	$\sigma = 0.3$	$\sigma = 0.6$	$\sigma = 0.9$	
16	PSGS	MEPC	EPC	MACF	407.224	402.174	393.349	400.916
17	SA	RRAS	NONE	EBST	389.084	373.688	324.152	362.308
18	SA	RRAS	NONE	MACF	393.748	382.669	364.016	380.144
19	SA	RRAS	EPC	EBST	399.389	387.725	369.137	385.417
20	SA	RRAS	EPC	MACF	406.748	389.669	373.016	389.811
21	SA	D-RRAS	NONE	EBST	396.819	385.050	366.911	382.927
22	SA	D-RRAS	NONE	MACF	399.825	389.798	372.415	387.346
23	SA	D-RRAS	EPC	EBST	408.010	393.456	374.545	392.004
24	SA	D-RRAS	EPC	MACF	411.825	399.798	390.415	400.679
25	SA	D-MABO	NONE	EBST	400.447	391.632	379.396	390.492
26	SA	D-MABO	NONE	MACF	408.261	399.198	385.966	397.808
27	SA	D-MABO	EPC	EBST	415.142	406.836	388.040	403.339
28	SA	D-MABO	EPC	MACF	422.261	408.198	398.966	409.808
29	SA	MEPC	NONE	EBST	410.071	396.007	382.476	396.185
30	SA	MEPC	NONE	MACF	419.322	405.927	394.966	406.738
31	SA	MEPC	EPC	EBST	428.692	412.296	398.095	413.028
32	SA	MEPC	EPC	MACF	431.322	415.927	406.966	418.072

7.5 本章小结

考虑到资源流网络对缓冲插入的影响，本章将鲁棒性资源分配和时间缓冲插入两种策略进行集成优化，设计了三阶段集成优化算法（SA+MEPC+EPC）构建鲁棒性调度计划。为验证本章设计的 SA+MEPC+EPC 算法的有效性和可行性，本书设计了集成优化机制，针对构建初始调度计划算法的选择、资源分配算法的选择、缓冲插入算法的选择以及反应策略中优先准则的选择对应的算法选择空间进行组合产生的 32 种集成优化算法，并采用帕特森项目库中 110 个算例进行了大规模仿真对比实验。实验结果不仅验证了本书提出的三阶段集成优化算法（SA+MEPC+EPC）构建的调度计划在"解"鲁棒性和"质"鲁棒性两方面的优越性，还进一步验证了鲁棒性资源分配和时间缓冲管理策略在提升调度计划鲁棒性上的有效性，但相对于鲁棒性资源分配，时间缓冲管理策略对调度计划的保护效果更为明显。研究结果还发现质量较高的初始调度计划在后续的资源分配和缓冲插入中能在一定程度上提升调度计划的"解"鲁棒性和"质"鲁棒性。针对项目执行过程中优先准则的选择，活动开始时间与当前时刻最接近的优先准则能提升调度计划的"解"鲁棒性，而活动现金流最大化优先准则能提升调度计划的"质"鲁棒性，但对调度计划的鲁棒性整体影响不大。

8 总结与研究展望

8.1 总结

传统项目净现值研究大多是在确定性环境下构建净现值最大化的 Max-NPV 模型，然后采用优化求解的方法获得模型的最优解或者通过各种启发式算法获得模型的近似最优解，并生成理想状态下的基准调度计划。但由于各种不确定性因素的存在，项目在实际执行过程经常会与基准计划发生偏离，原有的调度计划会被打乱，给项目的净现值带来损失。鲁棒性项目调度作为解决不确定性环境下项目调度问题的有效方法，它通过鲁棒性资源分配策略或时间缓冲管理策略生成抗干扰能力较强的调度计划。但是针对鲁棒性项目调度的研究绝大多数集中在时间类目标函数上，很少涉及财务类目标函数。考虑项目净现值的重要性和鲁棒性项目调度的有效性以及其研究的局限性，本书针对项目活动工期的不确定性，将鲁棒性项目调度引入项目净现值的研究中，通过鲁棒性资源分配和时间缓冲管理两种策略构建抗干扰能力较强的鲁棒性调度计划，其中主要研究工作如下：

(1)构建一个质量较高的初始调度计划是进行资源分配和时间缓冲管理的前提，因此本书首先在确定性环境下，构建了一个满足工序约束、资源约束、截止工期约束以及收益率约束的 Max-NPV 模型。考虑到该模型的 NP-hard 属性，本书设计了 SA 算法进行求解。为验证理想状态下构建的调度计划的实际执行情况，书中设计了模拟仿真实验，假设活动实际工期服从对数正态分布，并设定三种工期的不确定性程度。仿真结果表明：在项目的实际执行过程中，由于工期具有不确定性，与理想的调度计划相比，项目净现值受损，并且工期不确定性程度越大，项目净现值下降幅度越明显。以上结果表明理想状态下构建的基准调度计划在项目的实际执行过程中应对风险的能力较弱，因此为应对工期的不确定性，构建一个稳健的调度计划来保证活动现金流尽可能按原计划支付至关重要。

（2）由于主客观因素的存在，特别是"学生症候状"和"帕金森定律"的影响，导致项目在执行过程中，活动经常发生拖期。考虑到活动拖期在项目网络和资源流网络上的传递性，本书首先构建了活动拖期带来的项目净现值的总期望惩罚成本最小化的资源流网络优化模型，针对该模型构建了 MEPC 鲁棒性资源分配算法，通过采用净现值期望惩罚成本最小的资源分配方案实现资源在各活动节点间的有效流动，生成合理、稳定的资源流网络，提升调度计划的鲁棒性。然后通过算例分析和大规模仿真对比实验，从项目净现值的实际收益、调度计划的鲁棒性、资源分配方案的稳定性以及算法的时间效率四个方面，将本书提出的 MEPC 优化算法与其他三种资源分配算法（RRAS、D-RRAS 和 D-MABO）进行对比研究，实验结果表明：MEPC 算法能在相对较短的时间内完成资源分配构建出鲁棒性较强的调度计划，并且精确的量化计算保证了资源分配方案的唯一性。

（3）基于鲁棒性项目调度中的时间缓冲管理策略，本书采用风险管理的思想通过风险识别、风险评估以及风险应对过程来降低活动工期的不确定性给项目净现值带来的风险损失，并构建抗干扰能力较强的鲁棒性调度计划。首先在项目资源流网络的基础上识别出发生拖期风险概率较大的活动。然后通过量化计算活动拖期带来的项目净现值的期望惩罚成本对拖期风险进行评估。最后设计 EPC 时间缓冲算法，在净现值的期望惩罚成本较大的活动前插入时间缓冲给予保护并分散风险。最后针对帕特森项目库中的 110 个项目算例，将 EPC 时间缓冲算法构建的带有时间缓冲的鲁棒性调度计划和采用 SA 算法构建的确定性环境下非鲁棒性调度计划进行大规模仿真对比实验。结果表明：带有时间缓冲的鲁棒性调度计划在项目的净现值以及调度计划鲁棒性的相关指标上都优于无时间缓冲保护的非鲁棒性调度计划的结果，这说明插入时间缓冲能有效地提升调度计划的稳健性，保护活动现金流的支付计划尽可能不受工期不确定性的干扰。

（4）本书根据鲁棒性项目调度中对"质"鲁棒性和"解"鲁棒性的相关定义，从净现值的角度采用项目的净现值指标衡量调度计划的"质"鲁棒性，同时设计项目净现值期望惩罚成本指标衡量调度计划的"解"鲁棒性。在此基础上构建了一个双鲁棒性优化模型，通过改变时间缓冲插入的位置和时间缓冲大小的设置来权衡调度计划的"质"鲁棒性和"解"鲁棒性，保证调度计划在获得满意净现值的同时尽可能地降低项目净现值的总期望惩罚成本，确保活动现金流支付的稳健。考虑到 SA 算法和 TS 算法的优缺点，本书构建了一个两阶段智能优化算法(SA+TS)解决上述双鲁棒性优化模型。并将两阶段智能优化算法和其他三种单阶段算法(SA 算法、TS 算法以及 MSII 算法)进行了大规模仿真对比实验，从算法的绩效指标和调度计划的鲁棒性两方面验证了两阶段智能优化算法的有效性和可行性。

(5)考虑到鲁棒性资源分配和时间缓冲管理这两种策略的紧密关系，本书将鲁棒性资源分配和时间缓冲管理进行集成优化，通过设计三阶段集成优化算法来构建鲁棒性调度计划。第一阶段采用第三章设计的 SA 算法构建净现值最大化的初始调度计划；第二阶段针对第一阶段构建的初始调度计划采用第四章设计的 MEPC 鲁棒性资源分配算法生成合理稳定的资源流网络，为第三阶段的时间缓冲插入做准备；第三阶段首先固定第二阶段生成的资源流网络，然后采用第五章设计的 EPC 时间缓冲算法进一步提升调度计划的鲁棒性。随后设计集成优化机制，针对构建初始调度计划的、资源分配、时间缓冲以及反应策略中的优先准则这四种策略从鲁棒性和非鲁棒性两个角度设计不同的算法，并组合了 32 种集成优化算法。最后针对帕特森项目库中的 110 个项目算例，通过大规模仿真实验将 32 种集成优化算法构建的调度计划进行了对比分析。研究结果表明：在时间缓冲插入过程中，采用鲁棒性资源分配算法构建合理稳定的资源流网络对应的缓冲调度计划的鲁棒性比采用非鲁棒性资源分配算法构建的资源流网络对应的缓冲调度计划的鲁棒性要强。研究结果还表明：初始调度计划和反应策略中的优先准则的选择也会影响调度计划的鲁棒性；高质量的初始调度计划能保证资源的分配和时间缓冲的插入更加合理有效；活动开始时间与当前时刻最接近的优先准则能提升调度计划的"解"鲁棒性，而活动现金流最大化优先准则能提升调度计划的"质"鲁棒性。

8.2 研究展望

(1)多项目环境下鲁棒性项目调度问题的净现值研究。本书的研究只是针对单项目环境，但是多个项目同时执行更符合实际情况。多项目环境更为复杂，除了涉及单项目中的时间缓冲外，还包括能力约束缓冲以及"瓶颈"资源的分配。因此如何为多项目设置合理的缓冲和进行有效的资源分配，建立鲁棒性较好的调度计划来提升项目的净现值收益是未来研究的一个方向。

(2)考虑项目执行过程中资源的不确定性。本书的研究只考虑了活动工期的不确定性，并且假设资源的可用量是确定性的。但是在实际项目中，资源的供给往往面临很大的不确定性，因此考虑资源不确定性的项目净现值研究是未来另外一个值得关注的重要内容，但是如何将资源的不确定性转化为对项目净现值的影响是该研究内容的一个难点和重点。

(3)资源流网络在反应式调度中的应用。本书的研究是通过鲁棒性资源分配和时间缓冲管理策略构建了抗干扰能力较强的预应式调度计划（Preactive Scheduling）。但由于各种突发情况的存在，预应式调度计划并不能完全抵抗不确定性因素造成的干扰，调度计划在实际执行过程中会发生偏离或中断。此时决策者需要采用有效措施修正调度计划，进行反应式调度（Reactive Scheduling）。通过固定资源流网络指导调度计划的修复，能保证资源分配方案不发生紊乱，简化修复的过程，因此资源流网络在反应式调度中的应用是未来的一个研究内容。

(4)项目现金流的支付模式研究。本书的研究假设现金流与活动相关，并发生在活动的完成时刻。虽然很多研究都采用了该支付模式，但由于项目支付问题的复杂性，许多现实的支付因素并未纳入现金流的支付模式中，因此设计并采用更为实际的现金流支付模式是本书研究的后续工作。

此外，本书的第5章在时间缓冲管理策略中运用了风险管理的思想，但是在风险管理中只是评估了活动工期的不确定性给项目净现值带来的风险损失。如何在考虑到工期风险的同时也考虑其他的不确定性因素给项目净现值带来的影响（如资源的供给或需求的不确定性），有待进一步的研究和探索。

参 考 文 献

[1] Al-Fawzana M A, Haouari M. A bi-objective model for robust resource constrained project scheduling[J]. Int. J. Production Economics, 2005(96): 175-187.

[2] Alexander M, John-Paris Pantouvakis. Project cash flow analysis in the presence of uncertainty in activity duration and cost [J]. International Journal of Project Management, 2012, 30 (3): 374-384.

[3] Amir A N, Fateme A. A priority rule-based heuristic for resource investment project scheduling problem with discounted cash flows and tardiness penalties [J]. Mathematical Problems in Engineering, 2009, 37(6): 1-10.

[4] Artigues C, Michelon P, Reusser S. Insertion techniques for static and dynamic resource constrained project scheduling [J]. European Journal of Operational Research, 2003, 149(2): 249-267.

[5] Artigues C, Leus R, Nobibon F T. Robust optimization for resource-constrained project scheduling with uncertain activity durations [J]. Flexible Services and Manufacturing Journal, 2013, 25(1): 175-205.

[6] Ashraf E, Mohammad A. Multi-objective evolutionary finance based scheduling: individual projects within a portfolio[J]. Automation in Construction, 2011, 20 (7): 755-766.

[7] Baar T, Brucker P, Knust S. Tabu search algorithms and lower bounds for the resource-constrained project scheduling problem[M]. Springer US, 1999: 1-18.

[8] Baroum S M. An exact solution procedure for maximizing the net present value of resource-constrained projects[D]. Indiana: Indiana University, 1992.

[9] Bruni M E, Beraldi P, Guerriero F, et al. A heuristic approach for resource

constrained project scheduling with uncertain activity durations[J]. Computers & Operations Research, 2011, 38(9): 1305-1318.

[10] Bouleimen K, Lecocq H. A new efficient simulated annealing algorithm for the resource-constrained project scheduling problem and its multiple mode version[J]. European Journal of Operational Research, 2003, 149(2): 268-281.

[11] Chen W N, Zhang J, Liu O, et al. A Monte-Carlo ant colony system for scheduling multi-mode projects with uncertainties to optimize cash flows [C]. Evolutionary Computation. IEEE, 2010: 1-8.

[12] Chtourou H, Haouari M. A two-stage-priority-rule-based algorithm for robust resource constrained project scheduling [J]. Computers and Industrial Engineering, 2008, 55(1): 183-194.

[13] Corporation H P. A priority rule-based heuristic for resource investment project scheduling problem with discounted cash flows and tardiness penalties [J]. Mathematical Problems in Engineering, 2009, 16(4): 1024-1236.

[14] Creemers S, Leus R, Lambrecht M. Scheduling Markovian PERT networks to maximize the net present value[J]. Operations Research Letters, 2010, 38(1): 51-56.

[15] Daniels R, Kouvelis P. Robust scheduling to hedge against processing time uncertainty in single stage production[J]. Management Science, 1995, 41(2): 363-376.

[16] Danka S. Robust resource-constrained project scheduling with uncertain but bounded activity durations and cash flows: a new sampling-based hybrid primary-secondary criteria approach [J]. International Journal of Optimization in Civil Engineering, 2013, 3 (4): 527-542.

[17] Davenport A, Beck J. A survey of techniques for scheduling with uncertainty[Z]. Quantitative Social Research, 2002: 1-49.

[18] Dayanand N, Padman R. On modeling progress payments in project networks[J]. Journal of the Operational Research Society, 1997, 48(9): 906-918.

[19] Dayanand N, Padman R. Project contracts and payments schedules: the client's

problem[J]. Management Science, 2001, 47(12): 1654-1667.

[20]Dayanand N, Padman R. A two stage search heuristic for scheduling payments in projects[J]. Annals of Operation Research, 2001, 102(1): 197-220.

[21]Dan Z, Rema P. A metaheuristic scheduling procedure for resource - constrained projects with cash flows[J]. Naval Research Logistics, 1999, 46(46): 912-927.

[22]Deblaere F, Demeulemeester E, Herroelen W, et al. Robust resource allocation decisions in resource-constrained projects[J]. Decision Sciences, 2007, 38(1): 5-37.

[23]Deblaere F, Demeulemeester E, Herroelen W. Reactive scheduling in the multi-mode RCPSP[J]. Computers & Operations Research, 2011, 38(1): 63-74.

[24]Demeulemeester E, Herroelen W. A branch-and-bound procedure for the multiple resource-constrained project scheduling problem[J]. Management Science, 1992, 38(12): 1803-1818.

[25]Demeulemeester E, Herroelen W. Anoptimal recursive search procedure for the deterministic unconstrained Max-NPV project scheduling problem [J]. Open Access Publications from Katholieke Universiteit Leuven, 1996: 1-15.

[26]Demeulemeester E, Herroelen W. Project scheduling: a research handbook[M]. New York: Kluwer Academic Publishers, 2002.

[27]Demeulemeester E, Vanhoucke M, Herroelen W. RanGen: a random network generator for activity-on-the-node networks[J]. Journal of Scheduling, 2003, 6(1): 17-38.

[28]Demeulemeester E, Herroelen W. Robust project scheduling[M]. [S.l.]: Now Publishers Inc, 2011.

[29]Demeulemeester E, Herroelen W. Robust project scheduling[J]. Foundations & Trends in Technology Information & Operations Management, 2014(3): 201-376.

[30]Dodin B. A practical and accurate alternative to PERT[J]. Perspectives in Modern Scheduling, 2006(1): 183-194.

[31]Doersch R H, Patterson J H. Scheduling a project to maximize its present value: a zero-one programming approach [J]. Management Science, 1977, 23(8):

882-889.

[32] Elazouni A, Abido M. Multiobjective evolutionary finance-based scheduling: individual projects within a portfolio[J]. Automation in Construction, 2011, 20 (7): 755-766.

[33] Elmaghraby S E, Herroelen W S. The scheduling of activities to maximize the net present value of projects[J]. European Journal of Operational Research, 1990, 49 (1): 35-49.

[34] Fathallahi F, Najafi A. A hybrid genetic algorithm to maximize net present value of project cash flows in resource-constrained project scheduling problem with fuzzy parameters[J]. Scientia. Iranica, 2016, 23(4): 1893-1903.

[35] Filip D, Erik D, Willy H, Stijn Van de V. Robust resource allocation decisions in resource-constrained projects[J]. Decision Sciences, 2007, 8 (3): 5-37.

[36] Goldratt E M. Critical Chain[M]. New York: The North River Press, 1997.

[37] Graves S C. A review of production scheduling[J]. Operations Research, 1981, 29(4): 646-675.

[38] Herroelen W S, Dommelen P V, Demeulemeester E L. Project network models with discounted cash flows a guided tour through recent developments [J]. European Journal of Operational Research, 1995, 100(1): 97-121.

[39] Herroelen W S, Gallens E. Computational experience with an optimal procedure for the scheduling of activities to maximize the net present value of projects[J]. European Journal of Operational Research, 1993, 65(2): 274-277.

[40] Herroelen W S, Leus R. On the merits and pitfalls of critical chain scheduling [J]. Journal of Operations Management, 2001, 19(5): 559-577.

[41] Herroelen W S, Leus R, Demeulemeester E. Critical chain project scheduling: do not oversimplify[J]. Project Management Journal, 2002, 33(4): 48-60.

[42] Herroelen W S, Leus R. Robust and reactive project scheduling: a review and classification of procedures[J]. International Journal of Product Research, 2004, 42(8): 1599-1620.

[43] Herroelen W S, Leus R. Stability and resource allocation in project planning[J].

IIE Transactions, 2004, 36 (7): 667-682.

[44] Herroelen W S, Leus R. The construction of stable project baseline schedules[J]. European Journal of Operational Research, 2004, 156(4): 550-565.

[45] Herroelen W S, Leus R. Project scheduling under uncertainty: survey and research potentials[J]. European Journal of Operational Research, 2005, 165 (2): 289-306.

[46] Herroelen W S, Leus R. Identification and illumination of popular misconceptions about project scheduling and time buffering in a resource constrained environment [J]. Journal of the Operational Research Society, 2005, 56(1): 102-109.

[47] Herroelen W. Project and production scheduling[M]. Leuven: Acco, 2007.

[48] Herroelen W. Generating robust project baseline schedules [J]. Tutorials in Operations Research-OR Tools and Applications: Glimpses of Future Technologies, 2007(13): 124-144.

[49] He Z, Wang N, Jia T, et al. Simulated annealing and tabu search for multi-mode project payment scheduling[J]. European Journal of Operational Research, 2009 (3): 688-696.

[50] He Z W, Liu R, Jia T. Meta heuristics for multi-mode capital-constrained project payment scheduling[J]. European Journal of Operational Research, 2012, 223 (3): 605-613.

[51] Hu X, Cui N, Demeulemeester E, et al. Incorporation of activity sensitivity measures into buffer management to manage project schedule risk[J]. European Journal of Operational Research, 2016, 249(2): 717-727.

[52] Liberatore M J, Pollackjohnson B, Smith C A. Project management in construction: software use and research directions[J]. Journal of Construction Engineering & Management, 2001, 127(2): 101-107.

[53] Icmeli O, Erengüc S S. A tabu search procedure for resource constrained project schedule to improve project scheduling problems with discounted cash flows[J]. Computers and Operations Research, 1994, 21(8): 841-853.

[54] Icmeli O, Erenguc S S. A tabu search procedure for the resource constrained

project scheduling problem with discounted cash flows [J]. Computers & Operations Research, 1994, 21(8): 841-853.

[55] Khoshjahan Y, Najafi A A, Afshar-Nadjafi B. Resource constrained project scheduling problem with discounted earliness-tardiness penalties: Mathematical modeling and solving procedure[J]. Computers & Industrial Engineering, 2013, 66(2): 293-300.

[56] Kouvelis P, Yu G. Robust discrete optimization and its applications[M]. Boston: Kluwer Academic Publishers, 1997.

[57] Lambrechts O, Demeulemeester E, Herroelen W. Proactive and reactive strategies for resource-constrained project scheduling with uncertain resource availabilities [J]. Journal of Scheduling, 2008, 11(2): 121-136.

[58] Lambrechts O, Demeulemeester E, Herroelen W. A tabu search procedure for developing robust predictive project schedules [J]. International Journal of Production Economics, 2008, 111(2): 493-508.

[59] Lambrechts O, Demeulemeester E, Herroelen W. Time slack-based techniques for robust project scheduling subject to resource uncertainty[J]. Annals of Operations Research, 2010, 186(1): 443-464.

[60] Leus R. The generation of stable project plans [D]. Belgium: Katholieke Universiteit Leuven, 2003.

[61] Leus R, Herroelen W. The complexity of machine scheduling for stability with a single disrupted job[J]. Operations Research Letters, 2005, 33(2): 151-156.

[62] Ludwig A, Mhring R, Stork F. A computational study on bounding the makespan distribution in stochastic project networks [J]. Annals of Operations Research, 2001, 102(1/4): 49-64.

[63] Mario V. A scatter search heuristic for maximizing the net present value of a resource-constrained project with fixed activity cash flows[J]. International Journal of Production Research, 2010, 48(7): 1983-2001.

[64] Mika M, Waligóra G, Weglarz J. Simulated annealing and tabu search for multi-mode resource-constrained project scheduling with positive discounted cash flows

and different payment models [J]. European Journal of Operational Research, 2005, 164(3): 639-668.

[65] Mika M, Waligóra G, Węglarz J. Tabu search for multi-mode resource constrained project scheduling with schedule-dependent setup times [J]. European Journal of Operational Research, 2008, 187(3): 1238-1250.

[66] Policella N. Scheduling with uncertainty: a proactive approach using partial order schedules [D]. Italy: Università degli Studi di Roma "La Sapienza", 2005.

[67] Russell A H. Cash flows in networks [J]. Management Science, 1970, 16(5): 357-373.

[68] Russell R A. A comparison of heuristics for scheduling projects with cash flows and resource restrictions [J]. Management Science, 1986, 32 (10): 291-300.

[69] Shahsavar M, Niaki S T A, Najafi A A. An efficient genetic algorithm to maximize net present value of project payments under inflation and bonus-penalty policy in resource investment problem [J]. Advances in Engineering Software, 2010, 41(7-8): 1023-1030.

[70] Shou Y Y, Wang W. A robust optimization model based genetic algorithm for project scheduling policies [J]. Journal of Industrial Engineering & Engineering Management, 2009, 23(4): 148-152.

[71] Smith-Daniels D E, Aquilano N J. Using a late-start resource constrained project schedule to improve project net present value [J]. Decision Science, 1987, 18: 617-630.

[72] Sobel M J, Szmerekovsky J G, Tilson V. Scheduling projects with stochastic activity duration to maximize expected net present value [J]. European Journal of Operational Research, 2009, 198(3): 697-705.

[73] Szmerekovsky J G. Theimpact of contractor behavior on the client's payment-scheduling problem [J]. Management Science, 2005, 51(4): 629-640.

[74] Tian W D, Demeulemeester E. Railway scheduling reduces the expected project makespan [R]. Research Report Kbi-1004, Department Of Decision Sciences And Information Management, Katholieke Universiteit Leuven, Belgium, 2010.

[75] Tian W D, Demeulemeester E. On the interaction between railway scheduling and resource flow network[J]. Flexible Services and Manufacturing Journal, 2013, 25 (1): 145-174.

[76] Tukel O I, Rom W O, Eksioglu S D. An investigation of buffer sizing techniques in critical chain scheduling[J]. European Journal of Operational Research, 2006, 172(2): 401-416.

[77] Ulusoy G, Özdamar L. A heuristic scheduling algorithm for improving the duration and net present value of a project[J]. International Journal of Operations and Production Management, 1995, 15: 89-98.

[78] Ulusoy G, Cebelli S. An equitable approach to the payment scheduling problem in project management[J]. European Journal of Operational Research, 2000, 12 (7): 262-278.

[79] Ulusoy G. Four payment models for the multi-mode resource constrained project scheduling problem with discounted cash flows[J]. Annals Operational Research, 2001, 102(14): 237-261.

[80] Vanhoucke M. A Genetic Algorithm fornet present value maximization for resource constrained projects[M]. Berlin: Springer Berlin Heidelberg, 2009: 13-24.

[81] Van de Vonder S, Demeulemeester E, Herroelen W, Leus R. The use of buffers in project management: the trade-off between stability and makespan [J]. International Journal of Production Economics, 2005, 97(2): 227-240.

[82] Van de Vonder S, Demeulemeester E, Herroelen W, Leus R. The trade-off between stability and makespan in resource-constrained project scheduling[J]. International Journal of Production Research, 2006, 44(2): 215-236.

[83] Van de Vonder S, Demeulemeester E, Herroelen W. A classification of predictive-reactive project scheduling procedures[J]. Journal of Scheduling, 2007, 10(3): 195-207.

[84] Van de Vonder S, Demeulemeester E, Herroelen W. Proactive heuristic procedures for robust project scheduling: an experimental analysis[J]. European Journal of Operational Research, 2008, 189(3): 723-733.

[85] Vanhoucke M, Demeulemeester E, Herroelen W. Progress payments in project scheduling problems[J]. European Journal of Operational Research, 2003, 148 (3): 604-620.

[86] Wang J. A fuzzy robust scheduling approach for product development projects[J]. European Journal of Operational Research, 2004, 152(1): 180-194.

[87] Wang J. Constraint-based schedule repair for product development projects with time-limited constraints[J]. International Journal of Production Economics, 2005, 95(3): 399-414.

[88] Waligóra G. Discrete-continuous project scheduling with discounted cash inflows and various payment models-a review of recent results[J]. Annals of Operations Research, 2014, 213(1): 319-340.

[89] Waligóra G. Comparative analysis of some metaheuristics for discrete continuous project scheduling with activities of identical processing rates[J]. Asia Pacific Journal of Operational Research, 2016, 33(3): 132-141.

[90] Wiesemann W, Kuhn D, Rustem B. Maximizing the net present value of a project under uncertainty[J]. European Journal of Operational Research, 2010, 202(2): 356-367.

[91] Yang K K, Talbot F B, Patterson J H. Scheduling a project to maximize its net present value: an integer programming approach [J]. European Journal of Operational Research, 1992, 64: 188-198.

[92] Yang K K, Tay L C, Sum C C. A comparison of stochastic scheduling rules for maximizing project net present value [J]. European Journal of Operational Research, 1995, 85: 327-339.

[93] Yang Y, Zhu D. Randomized allocation with nonparametric estimation for a multi-armed bandit problem with covariates[J]. Annals of Statistics, 2002, 30(3): 100-121.

[94] Zhu G, Bard J F, Yu G. A two-stage stochastic programming approach for project planning with uncertain activity durations[J]. Journal of Scheduling, 2007, 10 (3): 167-180.

[95]崔南方,赵雁,田文迪.基于智能算法的双目标鲁棒性项目调度[J].系统管理学报,2015,32(3):379-388.

[96]方晨,王凌.资源约束项目调度研究综述[J].控制与决策,2010,25(5):641-650.

[97]郭建霞,杜志达.基于二层决策系统的工程项目支付进度优化[J].水电能源科学,2011,3:83-88.

[98]韩丹丹,袁媛.基于银行承兑汇票的Max-NPV项目调度研究[J].西安工业大学学报,2014(9):755-759.

[99]任世科,何正文,徐渝.基于银行授信额度的Max-NPV项目调度问题研究[J].管理工程学报,2009,23(2):85-91.

[100]何正文,徐渝,朱少英.项目融资费用分担及联合支付进度问题研究[J].系统工程,2004,22(3):15-19.

[101]何正文,徐渝,朱少英.具有奖励惩罚结构的项目支付问题研究:双重角度[J].系统工程理论与实践,2005(10):39-45.

[102]何正文,徐渝,朱少英.Max-NPV项目进度问题研究评述[J].管理工程学报,2005,19(4):60-63.

[103]何正文,徐渝.多模式项目支付进度安排的优化模型及求解[J].系统工程学报,2007,22(5):474-479.

[104]何正文,徐渝.工程项目支付进度优化:一个案例研究[J].管理工程学报,2008,22(1):67-71.

[105]任世科,何正文,徐渝.基于银行授信额度的Max-NPV项目调度问题研究[J].管理工程学报,2009,23(2):85-91.

[106]何正文,刘人境,胡信布,等.现金流平衡约束下的Max-NPV项目调度[J].系统工程理论与实践,2009,29(3):134-143.

[107]何正文,贾涛,徐渝.截止日期约束下的融资费用最小化项目调度[J].系统工程学报,2009,24(4):494-498.

[108]何正文,刘人境,徐渝.基于不同支付规则的MPPSP及其模拟退火与禁忌搜索算法[J].系统工程理论与实践,2010,30(8):1439-1447.

[109]何正文,刘人境,徐渝.基于随机活动工期的资源约束项目鲁棒性调度优

化[J]. 系统工程理论与实践, 2013, 33(3): 650-659.

[110]何小丽. 考虑时间转换约束的净现值最大项目进度研究[D]. 郑州: 郑州大学, 2012.

[111]黄少荣, 陈伟能, 张军. 运用遗传算法优化项目级现金流问题的研究[J]. 计算机工程与设计, 2009(5): 68-72.

[112]黄有亮, 徐向阳, 谈飞, 等. 工程经济学[M]. 南京: 东南大学出版社, 2002.

[113]李诗娴. 基于净现值的资源受限型项目调度问题研究[D]. 天津: 天津大学, 2012.

[114]李洪波, 徐哲. 鲁棒性项目调度研究综述[J]. 系统工程, 2014, 32(2): 123-131.

[115]刘士新, 宋健海, 唐加福. 关键链: 一种项目计划与调度新方法[J]. 控制与决策, 2003, 5(5): 513-516.

[116]刘士新, 宋健海, 唐加福. 资源受限项目调度中缓冲区的设定方法[J]. 系统工程学报, 2006, 21(4): 381-386.

[117]刘士新, 王梦光, 聂义勇. 多执行模式资源受限工程调度问题的优化算法[J]. 系统工程学报, 2001, 16(1): 55-60.

[118]马蒙蒙, 蔡晨, 王兆祥. RCPSPDC 的一种启发式算法[J]. 中国管理科学, 2004(6): 73-80.

[119]庞南生, 孟俊姣. 多目标资源受限项目鲁棒调度研究[J]. 运筹与管理, 2012, 21(3): 27-32.

[120]寿涌毅, 王伟. 基于鲁棒优化模型的项目调度策略遗传算法[J]. 管理工程学报, 2009, 23(4): 148-152.

[121]寿涌毅. 资源受限多项目调度的模型和方法[M]. 杭州: 浙江大学出版社, 2010.

[122]田文迪. 随机 DTRTP 环境下项目调度策略的比较研究[D]. 武汉: 华中科技大学, 2011.

[123]田文迪, 胡慕海, 崔南方. 不确定性环境下鲁棒性项目调度研究综述[J]. 系统工程学报, 2014(1): 135-144.

[124]田贵超，黎明，韦雪洁．旅行商问题(TSP)的几种求解方法[J]．计算机仿真，2006，23(8)：153-157．

[125]王为新，李原，张开富．基于遗传算法的多模式资源约束项目调度问题研究[J]．计算机应用研究，2007，24(1)：72-74．

[126]王勇胜，梁昌勇．资源约束项目调度鲁棒性研究的现状与展望[J]．中国科技论坛，2009，8(8)：95-99．

[127]万伟，蔡晨，王长峰．在单资源约束项目中的关键链管理[J]．中国管理科学，2004，11(2)：70-75．

[128]汪嘉旻，孙永广，吴宗鑫．现金流优化的网络进度计划问题研究综述[J]．系统工程，1999，17(2)：1-7．

[129]汪嘉旻，孙永广，吴宗鑫．时间和费用具有不确定性的优化进度计划[J]．系统工程理论与实践，2002，22(01)：93-98．

[130]王冰，李巧云，尹磊．基于人工免疫算法的鲁棒满意项目调度[J]．计算机集成制造系统，2011，17(5)：1089-1095．

[131]熊鹰，匡亚萍．基于蚁群算法的施工项目工期-成本优化[J]．系统工程理论与实践，2007，27(3)：105-111．

[132]徐柏群，张军，陈伟能．运用遗传算法实现项目调度中的现金流优化[J]．计算机工程与设计，2008 (12)：49-56．

[133]徐海涛．基于SOPC的软硬件划分算法研究[D]．哈尔滨：哈尔滨理工大学，2009．

[134]张沙清，陈新度，陈庆新，等．基于优化资源流约束的模具多项目反应调度算法[J]．系统工程理论与实践，2012，31(8)：1571-1580．

[135]张沙清，陈新度，陈庆新，等．资源不确定环境下模具多项目预测-反应式调度算法[J]．计算机集成制造系统，2010，16(12)：2688-2696．

[136]张静文，徐渝，何正文．具有时间转换约束的离散时间-费用权衡问题研究[J]．中国管理科学，2006，14(2)：58-64．

[137]张静文，徐渝，何正文，等．项目调度中的时间-费用权衡问题研究综述[J]．管理工程学报，2007，21(1)：92-97．

[138]郑维博，何正文，刘人境，等．基于融资能力约束的多模式Max-NPV项目

调度优化：双重视角［J］. 运筹与管理，2016，25（1）：25-34.

［139］周楷，何正文. 周期性支付的多模式 Max-NPV 项目调度问题研究［C］. 中国企业运筹学学术交流大会本书集，2008.